高中化学课堂教学
与体系构建研究

刘树乾◎著

湖南大学出版社·长沙

内容简介

本书是一本以"高中化学教学"为研究主题的学术专著。书中内容首先针对高中化学的相关概念、教学理论以及学科素养作出了相关论述，进而引出了对高中化学课堂的教学方法、教学设计、课堂引导等问题的详细分析和探讨，并且对高中生化学自主学习能力的培养和提升策略进行了深入研究。本书内容翔实，将理论与实践相结合，具备一定的学术价值，力求将和谐高效思维对话应用于高中化学课堂教学，旨在给读者在化学课堂教学、化学教学体系构建方面提供借鉴。

图书在版编目（CIP）数据

高中化学课堂教学与体系构建研究 / 刘树乾著 . —
长沙：湖南大学出版社，2024.7
ISBN 978-7-5667-3393-1

Ⅰ.①高…　Ⅱ.①刘…　Ⅲ.①中学化学课 – 课堂教学
– 教学研究 – 高中　Ⅳ.① G633.82

中国国家版本馆 CIP 数据核字（2024）第 033940 号

高中化学课堂教学与体系构建研究

GAOZHONG HUAXUE KETANG JIAOXUE YU TIXI GOUJIAN YANJIU

作　　　者：刘树乾
责任编辑：张佳佳
印　　　装：济南圣德宝印业有限公司
开　　　本：787 mm×1092 mm　1/16　印　　张：10.5　字　　数：193 千字
版　　　次：2024 年 7 月第 1 版　印　　次：2024 年 7 月第 1 次印刷
书　　　号：ISBN 978-7-5667-3393-1
定　　　价：48.00 元

出 版 人：李文邦
出版发行：湖南大学出版社
社　　　址：湖南·长沙·岳麓山　邮　　编：410082
电　　　话：0731-88822559（营销部），88821315（编辑室），88821006（出版部）
传　　　真：0731-88822264（总编室）

前　言

自 21 世纪以来，随着我国经济的不断发展和国民生活水平的不断提高，教育对国民经济生活的影响越来越显著。当前所实施的教育改革力度非常大。在此背景下，整个课程体系的重要目标就是成功地培养出个性全面发展的、适应未来社会发展的合格公民，而要实现这一目标，就必须优化学科教学。

新一轮基础教育课程改革（简称新课改）后，高中化学教学对学生课堂主体地位非常重视，高中化学教学要体现新课改的理念，课堂中更强调的是学生对知识的理解和掌握应该以自主、探索、合作为前提，根据不同学生的需求，采取多种教学方式和手段，激发学生的学习积极性，实现化学教学的三维目标（知识与技能、过程与方法、情感态度与价值观），使学生的科学素养、人文素养得到培养，促进学生的终身发展。因此，如何构建更加高效的高中化学课堂教学体系，成为高中化学教育工作者面临的关键问题。基于此，本书分析了高中化学课堂教学与体系构建的相关内容。

本书共分为五章。第一章的内容是高中化学课堂教学理论探究，第二章的内容是高中化学学科核心素养探究，第三章的内容是高中化学教学设计以及实施，第四章的内容是高中化学课堂教学方式构建，第五章的内容是高中化学实验实践教学改革。

在本书的写作过程中，作者搜集、查阅和整理了大量文献资料，在此对学界前辈、同人和所有为此书的写作与出版工作提供帮助的人员致以衷心的感谢。由于篇幅有限、写作时间仓促，加上作者能力有限，书中不妥之处在所难免，敬请广大读者批评指正。

目　录

第一章

高中化学课堂教学理论探究

第一节 指导高中化学课堂教学的理论基础

一、辩证唯物主义认识论及自然科学方法论

化学教学过程是特殊的认识过程，其特殊性在于它是个体（学生）对化学学科知识的认识过程，具有间接性、引导性和教育性。辩证唯物主义认识论及自然科学方法论、一般教学理论和学习理论是指导化学教学的基础理论。

（一）辩证唯物主义认识论

辩证唯物主义认识论认为，认识是人脑对客观事物的能动反映，这种能动作用表现为认识的两个"飞跃"，即由感性认识到理性认识的"飞跃"，由理性认识到实践的"飞跃"。辩证唯物主义认识论把教学当作"自有其客观规律"的过程来研究。就其本质或主要内容而言，教学乃是教师把人类已知的科学真理通过创造条件转化为学生的真知，同时引导学生把知识转化为能力的一种特殊形式的认识过程。教学是由教师领导身心发展尚未成熟的学生，主要通过学习知识间接认识世界和发展自身。由教师按照学生不同年龄时期能够接受的形式来教他们认识，并首先和主要教他们学会成年人已经认识的东西，包括认识的结果和认识的方法，把发展他们的认识能力作为专门的任务和工作。从本质上讲，化学教学过程是一种认识过程。从根本上说，它是受认识规律制约的。辩证唯物主义认识论以及据此发展形成的教学认识论揭示了认识过程的一般规律，为人们理解教学过程提供了理论基础。

（二）自然科学方法论

辩证唯物主义认识论是通过自然科学方法论实现它对自然科学的指导作用的。对于自然科学基础知识的教学来说，要让学生实现认识上的两个"飞跃"和学习上的两个"转化"，关键因素在于正确运用自然科学方法论。自然科学方法论是连接哲学和自然科学的一条纽带。自然科学方法论认为，科学的认识过程和相应的科学方法应该按照由浅入深、由低级到高级的辩证过程发展和运用。根据辩证唯物主义认识论，可总结出科学认识过程的一般程序。

现代科学教育改革非常重视学生学习方式的转变，尤其鼓励学生在自然科学的学习过程中更多地参与科学探究活动，强调在探究学习活动中培养科学探究能力，这就使能力的培养与知识技能的获得、方法策略的掌握、情感态度和价值观的形成有机地统一起来。就认识过程来看，科学探究原是指科学家研究自然界的科学规律时进行的科学研究活动，在这里是指将科学家的探究方式引入学生的学习活动，让学生以类似科学探究的方式学习科学。学生在进行探究性学习时，将运用观察、实验条件控制、测定、数据处理、分类等具体方法，随后在此基础上进行一定的比较、归纳并形成初步的结论；结论不一定符合预期，从而产生了新问题，在无法用已有知识进行确切解释时，学生便产生了解决问题的欲望，为解决问题，学生将运用回忆、比较、推理等方法，根据模糊的感性认识甚至是可能错误的认识提出一定的假设，进而再次从事探究活动进行相应验证，其结果可能符合假设也可能不符合，若不符合，又将重新提出假设设计实验、进行验证。这样的过程并不是简单的累积或循环，从认识层面上讲，学生的认识是在不断发展、进步的。这其中包含着一个由浅入深、由模糊到清晰、由假设到验证、由错误到正确的过程，其实也就是一个从感性到理性、从理性到实践并不断螺旋上升的过程。

科学探究活动的基本环节和步骤可概括为发现问题、提出假设、验证假设、形成结论、交流质疑等的循环往复和螺旋上升。不难发现，科学探究活动的认识过程体现了自然科学方法论的观点。

作为一种特殊认识过程的化学教学，必须运用自然科学方法论，遵循认识规律，结合学科特征和教学特征，具体解决教学实际中的各种问题。这样就可以既体现辩证唯物主义认识论对教学过程的指导作用，又避免将教学认识论等同于哲学认识论的简单化倾向。具体来说，化学教学总是从引导学生认识具体的物质和现象开始，从运用已经获得的知识开始，由已知到未知，由感性认识到理性认识，进而通过实践（主要是学习实践）活动运用化学知识、发展认识能力。例如，让学生进行观察、实验，让他们记录和处理实验数据，让他们进行科学抽象以及运用比较分类、分析和综合、推理和判断等逻辑思维方法，让他们运用假说等。在教学形式上，要创造条件让学生亲自动脑、动口和动手，让他们进行思维加工，以实现教学过程中的两个"飞跃"和两个"转化"。

二、教学理论

教学理论是依据教育学和心理学等原理探索教学现象较深层次的普遍规律，并为解决具体教学问题提供指导的理论。化学教学理论是建立在一般教学理论基础上的。历史上特别是近现代形成了不少教学理论，它们对化学教学理论有深刻的影响，也是指导化学教学的基础理论。这些理论主要包括：

（一）赫尔巴特的传统教学论

赫尔巴特（1776—1841），德国著名教育学家，传统教育理论的主要代表人。他深受瑞士教育学家裴斯泰洛齐（1746—1827年）的影响，在教育史上第一次建立了以心理学为基础的教学理论。他非常重视"兴趣"在教学过程中的作用，并认为教学的最终目的是提高人的道德品质。他创立了"形式阶段说"，把教学过程分为四个阶段。

（1）明了——给学生明确地讲授新知识，并使学生在学习过程中集中注意。

（2）联想——让学生把新知识和旧知识联系起来，学生在心理上期待教师给予提示。

（3）系统——要求学生把新旧知识系统化，并在新旧观念联合的基础上做出概括和总结，学生在逐步探索中完成任务。

（4）方法——要求学生把所学知识用于实际，学生的心理特征是行动。

赫尔巴特的"四阶段论"后来被他的后继者改变、发展成为预备、提示、联系、总结、应用的"五段教学法"。

（二）杜威的实用主义教学论

杜威（1859—1952），美国著名教育家，实用主义教育思想的创始人。他批评赫尔巴特"重教轻学"的做法，在教学内容上主张以儿童的亲身经验代替书本知识；在教学组织形式上反对传统的课堂教学，认为班级授课制"消极地对待儿童，机械地使儿童集合在一起，课程和教法划一"，不利于儿童的发展；在师生关系上反对以教师为中心，主张以儿童为中心，提倡"儿童中心论"。杜威重视学生"能动的活动"，提出"教育即生活""学校即社会"的教育主张。他认为教学应按照学生的思维过程进行，并指出"教学法的要素和思维的要素是相同的"。这些要素包括：

（1）学生要有一个真实的经验情境——要有一个对活动本身感兴趣的连续活动。

（2）在这个情境内部产生一个真实的问题，作为思维的刺激物。

（3）他要占有知识资料，从事必要的观察，对付这个问题。

（4）他必须负责一步一步地展开他所想到的解决问题的办法。

（5）他要有机会通过应用检验他的想法，使这些想法意义明确，并让他自己去发现它们是否有效。

（三）凯洛夫的新传统教学论

凯洛夫（1893—1978），苏联著名教育家。苏联在 20 世纪 20 年代，由于思想认识上的偏差和教育实践经验的缺乏，产生了否定一切的倾向，出现了"学校消亡论"。在此历史背景下，凯洛夫开始参加苏维埃教育的管理和研究，他尽力以唯物论和辩证法研究教育学，逐步形成新的教学理论体系：他认为教学过程是一个特殊的认识过程，包括教师的教和学生的学两个方面；他提倡并发展完善了班级授课制度，并认为课堂教学是教学工作的基本组织形式；教师在教学过程中要考虑学生的年龄特点，把最基本的知识传授给学生，同时要发展学生的某些能力；教学方法取决于教学任务和教学内容，但教学方法不是唯一的，而是多种多样的。

（四）赞可夫的发展性教学论

赞可夫（1901—1977），苏联心理学家、教育学家。他以"教学与发展的关系"为课题进行了长达 20 年的研究，提出了学生的"一般发展"的思想。他认为"一般发展"即"心理活动的多方面的发展"，强调个性发展的整体性和动态性。以此为指导思想，他还提出实验教学论体系的原则：

（1）以高难度进行教学的原则。教材要有一定的难度，以引起学生注意，使学生在克服困难中获得知识。要掌握难度的分寸，要限于"最近发展区"，但不能降低到"现有发展水平"。

（2）以高速度进行教学的原则。对教材要进行多方面的理解，提高学习知识的质量。

（3）理论知识起主导作用原则。教学要教给学生规律性知识，使其举一反三。

（4）使学生理解学习过程的原则。让学生学会学习，逐步成为学习的主体。

（5）使全班学生都得到发展的原则。

（五）布鲁姆的掌握学习教学论

布鲁姆（1913—1999），美国教育家。他的"为掌握而学，为掌握而教""世界上任何人都能学习，只要提供适当的学习条件，几乎所有的人都能学会"等观点具有世界性的影响。布鲁姆的"掌握学习"教学论基于这样的一种设想：如果教学是系统而切合实际的，如果学生面临学习困难的时候能得到帮助，如果学生的学习具有足够的时间达到掌握，如果对掌握能规定明确的标准，那么绝大多数学生的学习能力可以达到很高的水平。布鲁姆的"掌握学习"教学论在实施上分为两个阶段：准备阶段和操作阶段。

布鲁姆还认为，在学校教育中，评价虽然占有十分重要的地位，但是传统评价的目的实际上是给学生分等分类，而对改进教学工作和实现教育目标所起的作用很小，对学生的人格和性格发展产生不利的影响，因此应该使用适应并能够发展每个学生的能力、以改进教学工作为中心的教育评价方式。根据"掌握学习"教学论的教学模式和步骤，布鲁姆把教育评价分为诊断性评价、形成性评价、总结性评价三类。

（六）苏霍姆林斯基的"活的教育学"思想

苏霍姆林斯基（1918—1970），苏联教育实践家和教育理论家。他特别重视培养学生的个性，要求每个学生都实现全面和谐发展，"教育的重要任务之一就是不要让任何一颗心灵里的火药未被点燃，而要使一切天赋才能都最充分地发挥出来"；他提倡对学生进行道德教育，让学生有同情心、责任心，他认为"一个人从社会得到了什么，以及给予了社会什么，这两者之间保持一种严格的和谐"；他也很重视智育，认为智育具有双重任务，即掌握知识、发展智力，通过智育让学生形成科学的世界观，要"培养人在整个一生中丰富自己的智慧的需要和把知识应用于实践的需要"；他把劳动教育看成学校教育的一个重要组成部分，认为劳动是"一般发展"和"个性全面发展"不可缺少的途径。

（七）瓦根舍因、克拉夫基的范例教学论

瓦根舍因、克拉夫基的范例教学是指通过一些典型的问题和例子使学生进行独立的学习。其主要内容包括：

（1）三个特性，即"基本性""基础性"和"范例性"。

（2）三个统一，即"问题解决学习与系统学习的统一""掌握知识与发展能力的统一"和"主体与客体的统一"。

（3）五个分析，即"分析此内容表示并阐明了什么并能使学生掌握哪些基本知识""分析儿童掌握的知识和形成的能力在其智力活动方面的作用""分析该课题对儿童未来的意义""分析内容的结构""分析哪些因素使儿童掌握教学内容"。

（4）四个阶段，即范例地阐明"个"——用典型的事例阐明事物的本质特征，范例地阐明"类"——通过归纳分析掌握事物的普遍特征，范例地掌握"规律"，范例地获得有关世界的和生活的"经验"。

教学理论是研究教学一般规律的科学。以上这些经典的教学理论虽然学术主张不同，关注重点各异，但其研究对象都是教学。这些理论探讨了教学的过程与本质、教学目的与任务、教学原则与方法、教学管理与评价、教师与学生等一系列问题，提出了各自的学说与主张，为化学教学理论研究与建构奠定了基础。

三、学习理论

化学教学是特殊的认识过程，也是学生的学习过程。对于学习，古今中外不少的教育家、心理学家进行了深入的研究，提出了许多颇有价值的思想和理论。

（一）中国传统的学习理论

早在春秋时期，孔子就承认学习个体之间的差异，认为教师应该因材施教。《中庸》说："博学之，审问之，慎思之，明辨之，笃行之。"我国传统教育家还强调非智力因素在学习过程中的作用，并把志作为学习的前提条件，因此认为学习过程实际上是由志、学、问、思、辨、习、行七个环节构成。其中"志"是动力系统，具有发动和维持的功能，"学、习、行"代表行为操作系统，具有联系主客体的功能，"问、思、辨"代表思维加工系统，具有存储、提炼的功能；"习"主要执行强化和反馈功能；"行"具有评价、检测和反馈的功能。

当然，我国传统的学习理论也有不足之处，如：以伦理为中心的人文知识构成学习的主要内容，遏制了人们对自然科学的学习；受继承观念的支配，限制了人们的创造性；受实践理性的思维方式的制约，属于经验描述，理论的抽象思辨不够，影响了理论发展；强调教师权威，"师道尊严"的思想对中国的教育产生了深远的影响。

（二）联结学习理论

桑代克（1874—1949）是美国著名的教育心理学家，是联结学习理论的创始人。他的学习理论曾享有很高的声誉，产生了很大的影响。桑代克首创动物心理实验，最著名的是让饿猫逃出特制的笼子的实验。笼子里面有一个能打开门的脚踏板，笼子外面有鱼或肉。将饿猫放入笼内，开始时，猫只是无目的地乱咬、乱撞，后来偶然碰上脚踏板，打开笼子门，逃出笼子，得到食物。如此重复多次，最后猫一进入笼子即能打开笼子门。桑代克据此认为，学习的实质是刺激（S）与反应（R）之间的联结。他明确指出"学习即联结，心即是一个人的联结系统""学习是结合，人之所以长于学习，即因他养成这许多结合"。他把动物这种尝试错误偶然成功的行为称为学习。他认为学习的过程是经过多次尝试不断减少错误的过程，后人称这种理论为尝试错误论，简称"试误论"。

联结学习理论的主要错误在于摒弃了学习的认知过程和学习者的主观能动作用，简单地用操作性的条件反射解释人类的学习，具有较大的片面性。

第二节　高中化学课堂教学特征和教学原则

一、化学教学的特征

以实验为基础是化学教学的基本特征，可以从学科的根本属性和化学教学的实践经验两个角度论证这一基本特征。

化学学科是以实验为基础的一门自然科学。化学以客观事物为研究对象，以发现客观规律为目标，具有客观性、验证性、系统性三大特征。大量实验事实为化学理论的形成提供了依据，理论的形成与发展还需经实验事实的检验。综观化学科学发展的历史，前进的每一步都离不开化学实验。化学学科是在实验的基础上产生并发展起来的，实验是化学理论产生的直接源泉，是检验化学理论是否正确的标准，也是提高化学科学认识能力、促进化学科学持续发展的重要动力。

化学教学的特征是化学学科特征在教学中的反映，也是辩证唯物主义认识论在化学教学中的体现，是化学教学区别于其他学科的标志之一。化学学科以实验为基础，辩证唯物主义认识论强调感性认识的基础性，因此，以实验为基础也是化学教学的基本特征。

化学实验在化学教学中具有不可替代的重要作用。广大化学教师的教学实践说明，化学实验有助于提供丰富的感性知识，有助于激发学生的学习兴趣，有助于创设认知冲突，从而帮助学生正确地形成化学概念，牢固地掌握化学知识，提高观察问题、分析问题、解决问题的能力。化学实验还是培养学生实验技能和实践意识的主要途径，让学生亲自动手实践，不仅可以学习和掌握各种实验操作技能，还能帮助学生形成通过实践探索和认识客观事物的意识。化学实验还有助于培养学生实事求是、严肃认真的科学精神和态度。离开了化学实验的化学教学将是无源之水、无本之木，无法达成提高学生科学素养的教学目标。

那么在教学中如何体现"以实验为基础"这一化学教学的特征呢？作者认为，主要应该通过以下几个方面：

（1）让学生做实验和观察现象，体验通过实验探究规律的过程。

（2）结合实验事实和实验过程，让学生认识化学概念和理论的形成过程。

（3）结合典型化学史实，让学生了解化学科学的发展进程。

（4）让学生通过实验并运用已学的知识解决问题，从而巩固知识、发展能力，培养科学态度、科学方法和正确的价值观念。

二、化学教学原则

教学原则是教学论的重要组成部分，是有效进行教学工作必须遵循的基本要求。教学过程有自身客观存在的规律，教学原理是研究者用名词、概念、命题反映表述的教学规律，而教学原则是根据教学原理结合教学经验做出的实际结论和提出的行动要求。

教学规律是客观的；教学原理虽然是客观的，但具有主观性；教学原则必须有客观基础，但它是人们主观制定的。教学原则是教学实践经验的概括和总结，是教学规律的反映，受到教学目标的制约。教学原则在教学实践中具有重要意义，教师要顺利地开展教学工作，就必须明确教学活动中应遵循的一系列教学原则。

化学教学原则是化学教学实践中应遵循的基本要求和指导性准则。化学教学原则在教学原则的基础上突出化学学科教学特征，反映化学教学内在规律和要求。化学教学原则的发展概括起来大致呈现两种情形：

（1）一般教学原则在化学教学过程中的具体应用。

（2）在遵循一般教学原则的基础上，提出突出化学学科教学特点的教学原则。

作者认为，根据化学教学规律和化学教育目标，可提出以下三条化学教学原则：

（1）"教为主导"和"学为主体"的统一。

（2）实验引导和启迪思维的统一。

（3）知识结构和认知规律的统一。

（一）"教为主导"和"学为主体"的统一

"教为主导"是说教师在教学中要发挥引导、维持、调控等主导作用。"学为主体"是说学习的主体是学生，教学中要发挥学生的积极性和主动性。"教为主导"和"学为主体"的统一就是要处理好教师主导和学生主体的关系，在教师的精心组织下，充分发挥学生学习的主动性。教与学的对立统一关系是教学的本质关系。这一本质属性在化学教学过程中的集中反映可以用"教为主导"和"学为主体"以及两者的统一来概括。过于强调教师的教，会使教学陷入灌输的误区；而过分强调学生的学，也会导致教学的低效。正确认识和处理好教与学的关系是教学的基本要求。我国教学实践证明，坚持"教为主导"和"学为主体"的统一是处理教与学关系的基本原则。

教学是为了学生的发展，学生是发展的主体，因此，当代教育特别强调学生的主体性。《学会生存——教育世界的今天和明天》一书中指出："未来的学校必须把教育的对象变成自己教育自己的主体，受教育的人必须成为教育他自己的人，别人的教育必须成为这个人自己的教育。"学生的主体性正是表现在能够主动地探求知识，体验过程，在知识、技能的形成、应用的过程中养成科学的态度，获得科学的方法，逐步形成终身学习的意识和能力。

在教学过程中，学生主体性的发挥离不开教师的引导，教师的主导作用体现在激发学生的学习动机、启迪学生的思维，对学生的学习方式、习惯给予指导，对学生的疑难问题给予及时点拨、讲解。教师是课堂教学行为的设计主体，教师的知识，教师对科学的理解，教师的科学态度、科学方法，教师不断探求新知识的热情，都对教学和学生产生直接的影响，从这个意义上说，教师是重要的课程资源，对这种课程资源的充分利用有赖于教师的主导性的充分发挥。

教师教和学生学是教学过程的两个方面，它们彼此是对立统一的。教师的教支配着学生的学，教师在教学中发挥主导作用；学生的学是教师教的目的，学生是学习活动的主人。教学过程中教师的教要以学生的主动学习为基础，学生的学要在教师的领导和指引下进行，只有教师的主导作用与学生的主体作用结合，才能产生积极有效的教学活动。教为主导和学为主体是统一的有机体，主导服务于主体，主体需要主导的扶持，两者相互联系，不可分割，这样才能获得课堂教学的最佳效果。

教师的主导性和学生的主体性统一于教学过程中，统一于学生发展和教师自身发展的过程中。教师自身的不断发展是促进学生发展的前提，学生的发展也会反作用于教师，刺激教师不断学习，不断完善。总之，化学教学过程是教师的主导性和学生的主体性协同活动的过程。

（二）实验引导和启迪思维的统一

实验引导包括让学生做实验、观察演示实验、观看实验挂图和听教师讲述实验史料等，总的要求是为学生提供具体、可信的事实和感性知识。启迪思维是要让学生在开展化学实验的同时积极思考、活跃思维，发现实验现象、实验过程与理论知识的联系，理解实验原理，不仅知道"是什么""做什么"，还要知道"为什么"，实现"看 – 做 – 想"的统一。

实验引导和启迪思维统一是充分体现化学学科特点的化学教学原则。化学是一门以实验为基础的科学。教学中要根据"以实验为基础"这一基本特征，组织运用好各种实验，发挥实验对学生的认识、情感、意志行为以及态度、方法等的激励和引导作用。在化学教学中，实验包括学生实验、课堂演示实验、课外活动实验、家庭实验、观看实验挂图和听教师讲述实验等。通过实验教学，可以激发学生学习化学的兴趣，激发学生解决问题的动机，从而帮助学生理解和掌握化学知识和技能，启迪学生的科学思维，培养学生的科学态度和价值观，全面提高学生的科学素养。

此外，学生的实验也离不开教师的引导。在教学过程中往往遇到这种情况：实验现象多种多样，学生情绪亢奋，但时过境迁，学生仅记住了他最感兴趣的现象，不明白这些现象说明了哪些本质性的问题，或者把各有关现象当作孤立的事实来识记，不能抓住它们之间的内在联系。最典型的例子就是，学生把发光放（吸）热、有气体或沉淀生成当作化学反应的本质属性，甚至单纯依据发光、放热判断某些变化的类型。因此，要重视实验引导，对学生指出观察实验现象要仔细、全面、客观，在观察时要联系已掌握的知识进行思考，要在看清楚的同时想一想这是为什么，要尝试进行分析、比较，预测和概括出可能的结论，还要判断有没有其他可能性。做实验不能停留在"观察"这一级的水平上。例如，做氢气燃烧的实验，发现氢气是无色的，在空气中燃烧火焰为淡蓝色，属于观察的低水平，看到氢气燃烧时罩在火焰上方的烧杯壁"冒汗"了，这一观察较前者水平高。能抓准有新物质生成这一化学反应的本质，并能指证说明，同时把各种现象视为化学反应的表征，就达到了实验引导和启迪思维统一的高水平。也就是说，要在引导学生观察物质的性质、变化的宏观现象（表征）的基础上，进行积极的思考，达到把握物质的本质属性（微观结构）的目的。

（三）知识结构与认知规律的统一

知识结构是知识内在的逻辑关系和合理组合，认知规律是学生学习知识与技能时客观存在的规则和定律。知识结构与认知规律统一的原则要求在化学教学中兼顾学科知识的逻辑顺序和学生的认知规律，既考虑学科知识的完整性、科学性和系统性，又考虑学生学习时的可接受性。

知识结构用简约和概括的形式把化学基本概念、元素、化合物知识、化学基础理论等的相互联系和层级关系反映出来，建构出学科知识体系。这样的组合方式反映了各相关基础知识之间的内在联系，体现了学科基础知识的逻辑顺序，属于学科内的最基本、最普遍的原理和规律，因此，只要使学生切实理解这些知识组合的含义，就有利于他们联想再现学过的课程内容，也有利于他们应用这些基础知识解决某些简单的化学问题或者进一步学习高一级的化学知识。

认知规律是学生学习的一般规律，如从感知到理解、从已知到未知、从易到难和从孤立到综合等。这些规律具有普遍性，不以人们的意志为转移。

知识结构与认知规律统一要求在化学教学中既考虑学科知识的完整性、科学性和系统性，又考虑学生学习时的可接受性。例如，对元素周期律内容的介绍，教材中一般不把相应内容归拢在同一章或同一节中，而是在介绍元素周期律之前，就有目的地安排几个主族元素化合物的知识内容，有意识地让学生发现一些周期性规律，在学生的认识有了一定铺垫的基础上，再顺势集中地归纳出元素周期律并介绍元素周期表，系统介绍完元素周期律以后的教材内容仍然会有某些地方涉及对该规律的回顾和应用。此外，注意理论知识和元素化合物知识的穿插，分散难点、分散需要识记的内容，在复习教学中采用知识表解或图解法、对比法、联系法和归纳法等，也都体现了重视知识结构与认知规律统一的教学原则。

要实现知识结构和认知规律的统一，关键在于要把培养思路教学作为知识体系教学的前提，帮助学生把新学得的内容不断地纳入已学得的内容体系中，使学生认知结构中原有的观念和新的知识建立起实质性的联系，即不断地进行知识点的联系、组块和结构化，以发展认知网络。这里涉及多种因素：知识的组合方式以及学生的认知方式、心理状态、学习态度、学习习惯、学习方法等。教师要善于处理各因素间的关系，方有可能使学生从"学会"达到"会学"这一境界。如果教师的教学符合学生的认知规律，考虑学生的认知结构，那么就容易让学生在原有的知识结构基础上对新的知识进行主动的信息处理，从而做到融会贯通，形成新的合理的知识结构，学生的学习过程才会是一个意义的建构过程。

第三节　高中化学课堂教学方法和教学过程

一、化学教学方法

教学方法是指在教学过程中，教师和学生为了实现教学目的、完成教学任务而采用的活动方式，包括教师教的方式和教师指导下学生学的方式。教学方法是教学过程中各个因素相互作用结果的综合体现。教学方法的选择对完成教学任务、实现教学目的具有重要意义。在制定了课程标准、确定了教学内容之后，就必须根据主、客观条件选择并采取有效的教学方法，否则，完成教学任务、实现教学目的就是一句空话。

提高学生的科学素养是化学教学的目标。要实现此目标，教学必须既能减轻学生负担，又能提高教学质量。这就要求在教学过程中教师不仅要会教，还要善教，要以一定的教学理论为指导，科学地选择教学方法，并在实践中不断研究、改进和创新教学方法，从而使教学达到事半功倍的效果，真正提高教学效率。同时，科学的教学方法对提高学生科学素养、发展学生智力及形成良好的师生关系等都具有重要的意义。

（一）化学教学方法的特点

学习和研究教学方法，必须理解其内涵，了解其特征，一般来说，教学方法具有如下几个方面的基本特点：

（1）耦合性。每一种教学方法都是师生相互作用、共同活动的途径，是由教师教和学生学耦合而成的，具有双边性。

（2）科学性。教学方法的科学性一方面是指任何教学方法的确立和选择必须遵循一定的教学规律和学生身心发展规律，以科学的方法论做指导，以教学理论、课程理论和学习理论为基础；另一方面，教学方法体系本身也具有科学性。

（3）多样性。教学方法多种多样，不同的教学内容、教学目的、教学条件需要不同的教学方法。不同的教育工作者根据其教学实践、教学观念提出的教学方法也不同。

（4）综合性。一般来说，每堂课的教学都必须采用多种教学方法。实践证明，只有综合地应用多种教学方法，才能全面地完成教学任务，达到良好的教学效果。

（5）继承性。当代的教学方法不是从零开始的，而是在借鉴和吸收古今中外教育思想和教学方法的基础上形成的，具有历史继承性。

（6）发展性。教学方法和世间一切事物一样都是发展变化的，它将随着时代的进步、教育观念的更新、实践经验的丰富而逐步发展。

（7）艺术性。教师不能把某种教学方法当作不变的数学公式在教学实践中完全套用，而应根据具体的条件，灵活、艺术地应用各种教学方法，并对其进行适当的再创造。

（二）教学方法的分类

自古以来，教学方法一直是教育工作者研究和关注的课题，到目前为止，已出现了种类繁多的教学方法。面对如此多的教学方法，人们很难分清各种方法的本质、特点及适用范围，为了在教学实践中有效地选择和利用教学方法，也为了更好地发展化学教学方法，有必要对教学方法的分类进行简单的讨论。

我国早期和苏联的教学论常用分析法研究教学，把教学体系分解成课程教材、教学原则、教学组织形式和教学方法几个因素，分别加以研究，然后在教学实际中综合应用。按照这种方法划分的化学教学方法有讲授法、谈话法、演示法、实验法、练习法等。

我国近期和西方国家的教学论常用综合法研究教学，提出的许多教学方法，如发现法、情境教学法、"活动单导学"法、学案导学法、程序教学法、范例教学法、结构单元教学法等，不仅是教学方法，还常常涉及教学原则、教学组织形式和课程教材。

用分析法和综合法研究教学各有优点。分析法的优点是化繁为简，化多因素为单因素，有利于深入研究教学方法的特点和规律，也便于初学者领会和掌握。综合法比较合乎教学实际。因为教学本身就是一个综合体，难以把课程教材、教学原则、教学组织形式、教学方法几个因素截然分开。综合研究有利于处理好教学中各因素的关系。

为了方便讨论，这里把用分析法得出的教学方法称为第一类化学教学方法，用综合法得出的教学方法称为第二类化学教学方法。

（三）第一类化学教学方法

1. 讲授法

讲授法是教师主要通过口头语言向学生传授化学科学知识、思想观点和发展学生能力的一种方法，包括讲述法、讲解法和讲演法。讲授法是历史上流传下来的一种最主要的教学方法，也是化学教学中的基本方法之一。教师运用其他方法进行教学时，大多伴之以讲授法。教师使用这种方法可以将化学知识系统地传授给学生，使学生能在较短的时间内获得较多的知识。讲授法往往利用启发的方式，向学生提出问题，引发学生进行积极思考。运用讲授法要求教师：

（1）讲授的内容符合科学性和思想性。

（2）讲授条理清楚、层次分明、重点突出、富于启发、符合学生的认识规律。

（3）讲授的语言精练准确、生动形象、通俗易懂、快慢适度。

（4）注意运用体态语言和直观教具辅助表达，注意讲课的艺术性。

讲授法的缺点是教师占用教学时间多，不利于发挥学生的主体性，不利于学生技能的发展，容易导致学生被动学习、机械学习。

2. 谈话法

谈话法又称问答法，是教师根据教学目的和学生已有的知识经验，通过师生间的交谈使学生获得知识、发展智力的教学方法。谈话法的主要特点是师生之间平等地进行信息双向交流，教师可以提问，激发学生思考，学生可以回答问题，让教师获得反馈信息，教师对学生的回答做出总结评价，让学生也获得一定的反馈信息，通过信息的相互传递，师生共同调整教学活动。

从教学任务来说，谈话法主要有引导性的谈话、传授新知识的谈话、复习巩固知识的谈话和总结性谈话。在课堂教学中，无论是哪种形式的谈话，都应设计不同类型的问题，开展不同形式的谈话活动，调动学生的学习积极性。运用谈话法要求教师：

（1）根据教学内容和学生的具体情况做好准备工作。

（2）设置的问题难易适度、面向全班。

（3）讲究提问的方式和技巧，引导学生积极思考、层层深入。

（4）善于小结，让每个学生都得到反馈信息。

讲授法对教师的预设能力和教学经验有较高要求，经验不够丰富的教师不容易控制谈话的走向和重心。

3. 讨论法

讨论法是在教师指导下，由全班或小组成员围绕某一中心问题相互交流个人看法、相互启发、相互学习，从而辨明是非真伪以获得知识的一种方法。讨论既可以是整堂课的讨论，也可以是几分钟的讨论；既可以是全班性的讨论，也可以是小组性的讨论。讨论活动以学生自己的活动为中心，成员之间要进行多方面的信息交流，每个学生都可在一定范围内自由地发表自己的见解，通过反馈信息逐步调整自己的观点，最终获得对问题的全面理解。运用讨论法要求教师：

（1）讨论前布置讨论的课题，指导学生复习有关知识，查阅相关资料并写好发言提纲。

（2）提出的论题深浅适当、紧扣主题。

（3）讨论中注意适时激发和引导学生大胆发表观点。

（4）讨论结束时进行总结，提出需要进一步思考的问题。

讨论法对论题选择和学生能力有较高要求，论题不合适会导致学生无话可说或众说一词，学生不敢发言或不善于发言也会导致讨论冷场或跑题。

4. 读书指导法

读书指导法又称阅读指导法，是教师指导学生阅读化学教材和参考书，使学生理解和掌握知识，以扩大学生的知识领域，发展学生智能的一种教学方法，是培养学生自学能力的一种较好的方法。读书指导法包括指导学生预习、复习、阅读参考书、自学教材几个方面。

化学科学知识的广泛性和化学课堂知识信息的有限性的矛盾以及新的社会形势和课程目标都要求在教学过程中适当运用读书指导法。运用读书指导法要求教师：

（1）让学生认识读书的必要性和重要性，培养他们的读书兴趣。

（2）教给学生正确的读书方法。

（3）帮助学生选择合适的书目。

（4）运用多种方式（如讨论会）指导学生阅读，使其逐步养成良好的读书习惯。

5. 演示法

演示法是教师展示各种实物标本模型、挂图，放映幻灯片、电影、电视、录像等或进行演示实验，使学生通过观察获得关于事物及其现象的感性认识的一种教学方法，演示法是化学教学中的常用教学方法之一。通过演示法进行教学可以激发学生的学习兴趣，使学生获得感性知识，加深对事物的印象，并把理论知识与实际知识联系起来，从而有利于形成深刻、正确的概念。运用演示法要求教师：

（1）精心选择演示教具，设计演示实验。

（2）确保全班学生都能够看清演示活动。

（3）指导学生进行正确的观察，并注意引导学生使用多种感觉器官。

（4）演示与讲授相结合，做到教师边做边讲，学生边看边想。

（5）演示后进行总结，让学生把知识与现象联系起来，以挖掘现象背后的本质，形成正确的化学概念。

6. 实验法

实验法是指学生在教师指导下，利用一定的化学仪器、设备进行独立作业，通过观察研究实验现象获取知识、培养技能技巧的一种教学方法。化学是一门以实验为基础的自然科学，化学理论和技术的进步都依赖于实验，学生只有通过自己动手做实验或观看演示实验才能深刻地体会化学知识的本质和内涵，才能提高化学操作技能。

实验法是化学教学的一种基本方法。学生课内实验主要分为边讲边实验和学生分组实验两种形式。边讲边实验通常指教师讲课过程中要求学生做的一些实验，每个实验的时间较短、操作相对简单，与讲课内容有非常密切的关联。学生分组实验通常指由学生利用一堂课或两堂课时间独立完成的实验，这种实验内容比较丰富，操作相对复杂，可以比较充分地培养学生的实验能力。运用实验法要求教师：

（1）编制实验计划，做好实验准备工作。

（2）实验开始前，向学生说明实验目的、要求和注意事项。

（3）实验进行时，注意及时给予指导和帮助。

（4）实验结束后进行总结，提出要求。

7. 练习法

练习法是学生根据教师的布置和指导，通过课堂及课后作业，将所学知识运用于实际，借以巩固知识，形成技能与技巧的方法。这是各科教学中普遍运用的一种教学方法，按照培养学生能力的不同，练习法分为口头（回答）练习、书面（笔答、板演）练习和操作练习三种形式。

在化学教学中，由于每节课中学生要接受的信息量很大，需要培养的技能很多，因此需要学生有计划地加强练习，通过师生的共同努力有效地完成教学任务。运用练习法要求教师：

（1）提出任务，明确目的，说明方法。

（2）设置的练习题难易适度。

（3）练习时注意培养学生自我检查、自我分析、自我更正的能力。

（4）适当地进行个别指导。

（5）在学生完成练习后认真仔细地进行分析、总结，及时发现并解决问题。

（6）练习形式尽量多样化。

二、化学教学过程

化学教学过程是化学教师教和学生学的统一的活动过程，是教师引导学生掌握化学基础知识和基本技能，发展能力，形成正确情感态度和价值观的特殊的认识过程。

构成化学教学过程的基本因素有四个：教师、学生、教学内容和教学条件。前两个是人的因素，后两个是物的因素，人的因素是决定因素，物的因素可以通过人的因素的作用发生变化。在这四个因素中，教师是起决定性作用的主要因素。有效的教学过程是教师精心安排教学内容、充分利用教学条件和着力发挥学生主观能动性的过程。

化学教学过程是教和学的双边活动过程。教学不是教师一个人的活动，学生是教师教学的对象，更是学习的主体，同时也是课堂教学活动的主体之一。成功的教学是符合学生的认知特点、能够调动学生的积极性、让学生主动参与的活动，是有利于学生自主建构正确的认知结构的活动，是有利于学生发展的活动。相反，脱离学生参与、忽视学生的感受与理解的教学往往事倍功半，甚至一无所获。在教学过程中，学生倾听教师的讲解，遵循教师的引导，完成教师布置的任务；教师倾听学生的言语，根据学生的反应调整自己的教学，或加快或减慢，或详细或简练；学生的思想是不可预测的，是千姿百态和充满灵气的，学生的提问或回答对教师而言可能是启发，也可能生成新的教学资源；教学的过程也是教师学习、进步的过程。同时，师生之间的感情、情绪也彼此互动：教师的激情将振奋学生的斗志，教师的投入将获得学生的配合；学生的活跃将激发教师的热情，学生的痛苦将给教师带来苦恼。总之，在教学活动中，师生之间相互作用、相互影响、相互制约。

化学教学活动又是特殊的认识过程。首先是认识对象的特殊性。在化学教学中，学生的认识对象是化学的基础知识和基本技能，这些知识是人类在漫长的岁月中已经获得的，对学生而言是间接经验。其次是认识方式的特殊性。在化学教学中，学生的认识过程是在教师指导下进行的。教师综合考虑教学内容、教学条件、学生已有认知水平等因素设计出合适的教学方案，从而带领学生完成学习任务。这样的认识过程不同于成年人的个体认识过程，是由教师引导未成熟的主体通过学习知识、初步探究去认识世界，把大量间接经验和少量直接经验变为学生个体的精神财富，发展学生自身的特殊认识的过程。最后是认识目标的特殊性。在化学教学中，学生的认识目标不仅是化学基础知识和基本技能，还包括过程与方法、情感态度与价值观。在化学教学中，学生不仅要学习人类已知的知识，还要得到探究未知的体验，初步得到社会交往方面的锻炼，形成对科学的正面的情感和态度。

第四节　高中化学课堂教学模式和教学策略

一、化学教学模式

为了寻找和总结有效的教学方法，世界各国的教育研究者开展了大量的研究。20世纪下半叶以来，随着西方教学研究成果的大量出现以及建构主义、人本主义等理论研究成果的广泛传播和被认可，用综合视角研究教学方法成为主流。在我国，人们更习惯将综合教学方法称为教学模式。在研究综合教学方法时通常要分析它所基于的教学理论和反映的教学思想，研究它所能实现的教学目标和实施的程序，其研究成果常被称为教学模式。

黄甫全在《现代教学论学程》中指出"模式不是方法，它与授课、谈话等教学方法不属于同一层次；模式不是计划，计划是它的外在表现，仅此不足以揭示其内在的教学思想或意向；模式也不是理论，至少不仅仅是理论，它还包含程序、结构、方法、策略等远比纯理论丰富得多的内容。"

（一）化学教学模式的定义和结构

刘知新先生认为化学课堂教学模式是指在某种教学理论指导下，所构成的具有一定化学教学结构、教学活动顺序和教学功能的一种教学范型。

一个完整的教学模式通常包含五个基本要素：

（1）教学理论——决定了教学实践的形式，从而形成了不同的教学模式，直接影响了其他四个要素的选择。

（2）教学目标——模式所能达到的教学结果，是教学者对某项教学活动在学习者身上将产生什么样的效果所做出的预先估计。

（3）教学环节——教学活动的顺序结构。

（4）教学策略——教学活动中为教学模式服务并体现教学手段和方法的系统决策与设计。

（5）教学评价——教学活动效果的测量，评价标准应对照目标、过程、方法、教师素质和教学效果，既要评教又要评学，还要评价对课堂教学模式的应用。

教学模式有以下特点：

（1）结构的完整性。任何教学模式都是由一定的指导思想、主题、目标、程序、策略、内容和评价等基本因素组成的，各要素组成一个系统，使教学模式的结构具有完整性的特点。

（2）鲜明的个性。每一种教学模式都有明确的主题、一定的目标、有序的进程和适用的范围，个性强烈，特点鲜明。

（3）体系的简明性。教学模式的结构和操作体系多以精练的语言、简洁的图表、明确的符号概括和表达教学过程。这样既有利于使零乱纷繁的实际经验理论化，又能在人们头脑中形成一个比抽象理论更具体、简明的框架。

（4）程序的可操作性。一方面，教学模式总是从某种特定的角度、立场和侧面揭示教学的规律，比较接近教学实际而易被人们理解和操作；另一方面，教学模式的产生不是为了抽象的思辨，而是为了让人们把握和运用。因此，它有一套可操作的系统和程序。

教学模式的以上特点说明，教学模式能联系教学理论与实践，既能促进理论的提高，又能促进实践的发展。研究和使用课堂教学模式是教学研究的重要内容，是教研工作的一个切入口。它为我们展示了以往在教学构思中常感到模糊、未知的领域，使教师能站在更高的理论层次，研究教学基本要素以及这些要素间的规律联系。运用多种优化模式教学，可使教师教学风格更加丰富。各种形式的学习环境有益于学生身心和学业发展，也更能体现教育的价值。当教师进入成熟阶段后，他们会对课堂教学模式驾驭自如，或使模式变形，或创造出新的教学模式，或进入高于一般教学模式的"无模式"境界。

（二）若干常用的化学教学模式

素质教育提出后，广大化学教师在教学实践中不断探索，各种教学模式如雨后春笋般涌现出来，比较典型又基本不相互交叉的有以下几种。

1. 自学–指导模式

（1）理论依据。"教为主导，学为主体"的辩证统一的教学观，"独立性与依赖性相统一"的学生心理发展观，"学会学习"的学习观。

（2）教学目标。培养学生强烈的自学兴趣和良好的学习态度，让学生主动参与学习，独立地掌握系统的知识；培养学生掌握自学的方法，养成良好的自学习惯并掌握一定的自学能力，包括独立获取知识的能力、系统整理知识的能力、科学运用知识的能力。

（3）基本程序。该模式的基本操作程序为提出要求–学生自学–讨论、启发–练习运用–评价、小结，教师的指导贯穿每一个环节。

在该模式中，教师的职责由系统讲授变为定向指导、启发等，其主导作用并未削弱，相反要求更高了。如果教师不能做到这一点，就难以体现自学的优越性。这一模式要求学生有一定的阅读能力和知识基础，教师要充分相信学生能自学，积极指导学生自学；要设计出要求明确的自学提纲，提供必要的自学材料、参考书、学习辅助工具，要保证学生的自学时间并有一套指导学生自学的方法，如编写学案等。

2. 引导－发现教学模式

（1）理论依据。这种模式的理论基础是杜威的"五步教学法"、皮亚杰的"自我发现法"和"活动法教学"、布鲁纳的"发现法"等教学法原理。他们认为教学过程是学生参与生活的过程，学生的学习是对现有经验的不断改造，因此，教学不只是教师讲和学生听，学生必须通过亲身活动去感受和发现。

（2）教学目标。引导学生手脑并用，通过积极思考获得亲身实证的知识；培养学生发现问题、分析问题和解决问题的能力；让学生养成探究的态度和习惯，逐步获得探究的技巧。

（3）基本程序。该模式的基本操作程序是提出问题－建立假设－拟定计划－验证假设－形成结论－总结提高。

在这一模式中，教师是"引导者"和"顾问"。一方面，教师必须精通整个问题体系和熟悉学生形成概念、掌握规则等思维过程；另一方面，教师要允许学生犯错，而不是过早判断学生的行为，要鼓励学生大胆质疑。盐类水解、化学平衡等教学可用此模式。

二、化学教学策略

（一）教学策略的内涵

迄今为止，国内外学者对教学策略有很多界定，这些界定既呈现出一些共性，又表现出一些明显的分歧。共性表现为教学策略有一定的目标，是在特定教学情境下，为完成特定的教学任务形成的决策与设计。分歧在于教学策略的归属：有的人认为教学策略有一定的理论性，将之视为教学思想、教学模式；有的人认为教学策略就是教学方法；还有的人认为教学策略就是教学方案。那么，教学策略与教学思想、教学模式、教学设计或教学方法究竟有什么区别呢？

1. 教学策略与教学思想

教学策略比教学思想更具操作性。教学策略与教学思想之间有着密切的联系。任何教学策略都是在一定的教育思想指导下形成的，体现了某些教学观念。然而，教学策略与教学思想之间并不具有一一对应的关系，其形态也不相同。教学思想位于较高层次，属于理论、观念形态；教学策略虽然包含理论，但本质上属于操作形态，是对教学思想观念的具体化。在同一种教育思想指导下，结合不同的背景、条件，由不同的人开发就会形成不同的教学策略。同一种教学策略也不一定都源于同一种教育思想，也可以源于多种教学原理、教学思想。

2. 教学策略与教学模式

教学策略比教学模式更具灵活性。国外有学者把教学策略看作教学模式，尤其是北美，有时把教学策略作为教学模式的同义词。诚然，具有可操作性是两者的共同特征，但单凭这一点并不能认为这两者是等同的。教学模式具有整体性和程式化的特点，而教学策略则具有部分性和可灵活应用的特点。

教学模式是在某种教学理论指导下构成的具有一定教学结构、教学活动顺序和教学功能的一种教学范型。教学模式有整体构架、操作程序和运行环节。而教学策略不受整体性和程式的约束，可以是整体性的，也可以是具体的、零散的。

3. 教学策略与教学设计

教学策略比教学设计更具迁移性。有人把教学策略看作教学设计。教学设计是教学活动开展之前的准备工作，是对整个教学活动的计划和安排。教学设计的结果或教学设计的文字表达形式是教学活动方案。许多教学策略是为特定的教学目标和过程设计的，也常常以活动方案的方式呈现。这是教学策略与教学设计的相同之处，但教学策略在迁移性和普适性方面与教学设计又有明显的区别。

一个教学设计常用于一个特定内容的教学过程，而一个教学策略却可以用于多个教学过程。例如，关于"氨和铵盐"的教学设计只适用于"氨和铵盐"的教学，而"角色扮演"教学策略却可以用于不同的教学过程。当然，进行教学设计时要考虑教学策略的选择与运用，而在选择与运用教学策略时，又必须通盘考虑教学的整个设计。

4. 教学策略与教学方法

教学策略比教学方法更具思想性。在某些研究中，不少学者把教学策略等同于教学方法，两者在操作性上确实是一致的，两者的区别在于所依据的理念不同。教学策略无论简单或复杂，一定是依据某种教育思想设计的，而教学方法则并非都有明确的教育思想基础。教学策略从层次上看高于教学方法。教学方法是具体的、可操作的，教学策略则包含监控、反馈内容，在外延上要大于教学方法。

基于上述认识，可把教学策略定义为"在一定的教学理论指导下，为实现某种教学目标，合理选择和组织相关的内容、组织形式、方法和技术，形成的具有效率的特定的操作样式或实施方案"。

（二）教学策略的基本特征

（1）思想性。选择或制定教学策略是在一定的教学思想指导下，对教学内容和媒体、组织形式和方法、步骤和技术等要素加以综合考虑的结果。

（2）可操作性。教学策略不是抽象的教学原则，也不是在某种教学思想指导下建立的教学模式，而是可供教师和学生在教学中参照执行或操作的方案，具有明确具体的内容。

（3）灵活性。教学策略根据不同的教学目标和任务，并参照学生的初始状态，选择最适宜的教学内容、教学媒体、教学组织形式、教学方法并将其组合起来，保证教学过程有效进行，以便实现特定的教学目标，完成特定的教学任务。

（三）常用的化学教学策略

可以从不同的角度对教学策略进行归纳和分类，如可以从认知过程四要素的角度将教学策略分为以下四类。

1. 激发认知动因的策略

真正的学习需要学习者全身心的参与。每个学生头脑里的认知结构和意向状态互为学习的前提，并互相促进。情感化和技术化现在已经成为激起认知动因教学策略研制的主要方向之一。

在化学教学中，教师设计了许多策略来激发学生的认知动因，如利用新闻媒体上关于化学品事故的报道激发认知动因、利用反常实验现象激发认知动因、利用化学与生活的联系激发认知动因等。

2. 组织认知内容的策略

由于学生头脑里的知识体系是由课程、教材、教学方案的结构和序列转化而来的，因此必须追求最便于学生理解和应用的呈现方式。

在化学教学中，结构图、表格、概念图、物质转化关系等是常用的组织认知内容的策略，将元素化合物知识和理论知识穿插呈现、复杂概念的学习分层次螺旋上升等也是组织认知内容的策略。

3. 优化认知方式的策略

最有效的学习应是让学生在体验和创造的过程中学习。中国古代教育家推崇的教学过程是"道而弗牵，强而弗抑，开而弗达"（《学记》），以此达到教学的最高境界。

有经验的化学教师会非常注意采用优化学生认知方式的策略，采用探究学习、自主学习、合作学习等教学策略。此外，边讲边实验、讨论、辩论、参观、竞赛等也是可以用于优化认知方式的策略。

4. 利用认知结果的策略

化学教学中有一些问题是很突出的：学生知识遗忘率高，教师教学针对性差，造成教学目标的达成度比较低。为了解决这些问题，教师应注意对学生学习结果进行了解并利用反馈策略。反馈可以调节学生的学习行为和教师的施教行为，比如让学生自己出试题、建立错题本并进行一题多解和多题一解等活动。

按学习类型的不同将教学策略分为以下两类：

（1）直接教学策略：直接教学策略适用于事实、规则和动作序列的教学，这类教学的结果一般来说代表认知、情感和技能领域中复杂水平较低的行为，如元素符号、核外电子排布规律、物质的量浓度、溶液配制方法的学习等都是事实、规则和动作序列的教学。直接教学策略基本上是一种以教师为中心的策略，主要由教师提供信息。教师的作用是尽可能以直接的方式把事实、规则和动作序列传达给学生。直接教学策略通常采用讲授法，也要求有很多的师生互动，包括问与答、复习与练习、学生错误纠正等。

（2）间接教学策略：间接教学策略适用于与概念、模式、定理、规律有关的教学，这类教学的结果一般来说代表认知、情感和技能领域中复杂水平较高的行为。根据现象和事实、数据推理、验证等得出结论、概括大意、形成概念或定义、发现联系或关系的教学就是间接教学。间接教学策略包括先行组织者策略、利用问题引导探索和发现的策略、利用前概念的策略等。

教学策略的研究优势在于其灵活性。一个很具体的教学方法可以设计创造一种教学策略，一个很完整的教学系统的设计也可以开发一种教学策略。因此，每个教师都可以结合自己的教学实践发展新的教学策略，一个大的研究团队也可将教学策略的开发作为研究目标。根据教学目标、教学内容、自身条件和学生状况，选择和设计教学模式或教学策略，是教师提高教学效率的重要途径之一。

第二章

高中化学学科核心素养探究

第一节 核心素养理论初探

一、核心素养概念

"核心素养"的英文译为"key competencies/competences","Key"在英文中有"关键的""主要的""必不可少的"等含义,"competencies/competences"则具有"素质""素养"的意思。该词最早在经济合作与发展组织(简称经合组织,OECD)和欧盟理事会的研究报告中出现。经合组织在 2003 年发布了对"素养的界定与遴选:理论和概念基础"(Definition and Selection of Competencies,DeSeCo)项目研究的报告《核心素养促进成功的生活和健全的社会》(Key Competencies for a Successful Life and a Well-Functioning Society),在报告中使用了"核心素养"一词。

我国教育部在《关于全面深化课程改革落实立德树人根本任务的意见》中,把核心素养的内涵定义为"学生应具备的适应终身发展和社会发展需要的必备品格和关键能力"。品格是一个人做人的灵魂和根基,是一个人最富有人性的力量,具有精神性和道德性;能力是一个人做事的灵魂和根基,是一个人最引以为傲的力量,具有能动性和创造性。

能力和品格是一个人所具有的最宝贵的精神财富,它们既相对独立又相互关联。在培养学生形成核心素养的过程中,要将能力和品格进行互动和融合,在现实生活的情境下,能够使用一定的学习方式练就知识观念、思维模式和生存技能,形成正确的世界观、人生观和价值观,孕育提出问题、分析问题和解决问题的综合能力。比如(化学学科)科学探究能力,就是个体在各种情境下持之以恒地观察现象,研究问题,形成猜想、假设或解释,通过一系列方法获取数据,对猜想或假设进行反复论证的过程中所表现出来的一种品质。

（一）关键能力

从学习过程的角度来看，能力（关键能力）主要包括阅读能力、思考能力和表达能力。这三种能力是学生学习最基本和最核心的能力，具有基础性、生长性、共同性、关键性特征，其他能力如创新能力、研究能力、设计能力、策划能力等都是建立在其上的。这三种能力是人生走向成功的基石。

1. 阅读能力

阅读是看书，但不是一般意义上的浏览，看并领会其内容才是阅读。学生可以通过阅读获得新知识，发展新智力。苏霍姆林斯基曾经说过："必须教会少年阅读！凡是没有学会流利地、有理解地阅读的人，就不可能顺利地掌握知识。在小学中就应该使阅读达到完善的程度，否则就谈不上让学生自觉地掌握知识。"阅读在一个人发展的各个阶段都是至关重要的，培养学习能力最基础、最关键的就是阅读能力，阅读能力可以直接反映在学生的学习效果和学习效率上。

学生在课堂上获取知识，可以是教师讲授的被动学习的知识，可以是自己通过对教材的阅读主动学习的知识。同样的知识，是教师教会的还是学生自己学会的，对学生发展具有完全不同的意义。

2. 思考能力

思考是一种思维活动，教育家杜威在《我们如何思维》一书中指出思维具有这样几种含义：首先是一种广泛的甚至可以说是不严谨的用法，即凡是脑子里想到的，都可以说是思维。第二种是指我们对于自己并未直接见到、听到、嗅到、接触到的事物的想法。第三种含义则更窄一点，指人们根据某种征象或某种证据而得出自己的信念。这一种含义又可以再区分为两种：在某些情况下，人们并没有多想，甚至完全没有去想根据何在，就得出自己的信念；在另一些情况下，人们则是用心搜寻证据，确信证据充足，才形成信念。

张楚廷教授曾经提出："能够带上满口袋问题走进课堂的课，算好课；能够在课堂上唤起学生生问、发问、提问的课，算更好的课；能够唤起学生提问，甚至被学生的问题问倒了（教师一时答不出来）的课，算是最好的课。"《学会生存》一书中指出：教师的职责已经是越来越少地传授知识，而越来越多地激励思考。

3. 表达能力

所谓"表达"指的是，把自己内化了的知识以能够传递给他人的形式来表现的过程，或是由于外化而得以表现的内容。从心理学角度来看，表达是一种心理需要，是表现欲得以满足和实现的过程。每个人都有表现自我、影响他人的需要。从教学论角度讲，教是最好的学。陶行知先生说过："'为学而学'不如'为教而学'之亲切。'为教而学'必须设身处地，努力使人明白；既要努力使人明白，自己便自然而然的格外明白了。"从社会学角度来看，表达即交往、互动，是一种影响，也是一种反馈。

教师在教学中，要满足学生的表现欲，给予他们可以展示自己的机会，这可以推动学生学习的内在动力。在表达过程中，学生也可以学会倾听，可以达到观点共享的目的。在表达与倾听的过程，同伴间相互分享自己的经验和见解，可以交流彼此的观念和情感，从而实现共同进步。

学生学习的基本能力包括：阅读能力、思考能力和表达能力，是学生学习所有学科的最基本的能力，它们与学科能力是一般与特殊的关系。苏联教学论专家赞科夫将一般发展与特殊发展两者的关系阐述为"一般发展指的是这样一些个性属性的形成和质变，这些个性属性是学生顺利地掌握任何一门学科的教材的基础，而在从学校毕业以后，又是在人类活动的任何一种领域里从事创造性劳动的基础。""一般发展是特殊发展的牢固基础，并在特殊发展中表现出来，而特殊发展又在促进一般发展。"

阅读、思考、表达能力是最基础的学习能力，它们就像房屋的地基，其他能力如解题能力、实践能力、创新能力、研究能力以及新课程所倡导的自主、合作、探究能力都是建立在它们之上的。这三种能力的基础打得牢固、扎实，其他能力的发展才能水到渠成。

（二）必备品格

从基础教育的角度讲，必备品格就是具有基础性、生长性、公共性、关键性特征的品格。就其本质而言，品格处理的是人的关系。这种关系包括人与自我的关系、人与他人的关系、人与事情（工作、学习）的关系。据此，人必备的三种核心品格是表现在人与自我关系上的自律（自制）、表现在人与他人关系上的尊重（公德）、表现在人与事情关系上的认真（责任）。

1. 自律（自制）

道德从根本上说是个人的事，道德的最高境界，是自觉的自我支配，即所谓的自律。按照柏拉图的说法，人的灵魂有三个方面：欲望、激情和理性。欲望在灵魂中占有最大比例，人充满欲望，欲望总是自私的、冲突的而且无法得到充分满足的。自律最突出的表现就是良心（良知），弗洛伊德认为良心是一种内心的感觉，是对于操动于我们体内的某种异常欲望的抵制。人类有无良心，决定每一个人活得像人还是像兽。有无良心的前提是有无良知，良知其实便是一些人应该秉持的良好的道理、道德。这样的一个人，即使平凡，也是可敬的。即使贫穷，也有愉快。

2. 尊重（公德）

道德的主要价值在于处理人与人的关系，它是处理人际关系的内在准则（法律是外在的准则）。尊重意味着尊敬和重视，在处理人与人的关系时，尊敬别人、重视别人是一切道德的根源和本质。因为别人也是一个与自己一样的"自我"，凡是自己想"自我保护"的，别人也一定想"自我保护"，所以希望别人尊重自己，自己就先要尊重别人。从社会的角度讲，尊重是公德的精神意蕴和本质体现，公德需要把人抽象对待，要求平等地、无条件地尊重所有人的权利。

3. 认真（责任）

人有"人德"，事有"事德"，现在提倡的"工匠精神"就是强调以认真负责的态度对待万事万物，对待所有的工作。从学生的角度讲，就是要认真学习。"字要规规矩矩地写，话要清清楚楚地说，课文要仔仔细细地读，练习要踏踏实实地做，作文要认认真真地完成。这种返璞归真的实教实学看似不难，但做好却不易。实际上，各科学习和各种活动都必须秉承这样的态度。

然而，多年来，我们的学校教育忽略了对学生必备品格的培养，学生在人格、道德、情感等方面出现了各种偏差和失误，以致有些学生对生命、对他人、对世事愈来愈冷淡、冷漠甚至冷酷，最终酿成了很多悲剧。因为我们的社会和教育过分关注能力和才华，而忽视了品德，所以我们应将立德树人摆在学校教育的首要位置。要知道，教育的终极使命是引导学生成为具有人类美德的人。正如选择出家为僧的生物学博士马修在《僧侣与哲学家》一书中所说："我一直有很多机会接触许多极有魅力的人士，可是他们虽然在自己的领域中都是天才，但其才华未必使他们在生活中达到人性的完美。具有那么多的才华、那么多的知识和艺术性的技巧，并不能让他们成为好的人。一位伟大的诗人可能是一个混蛋，一位伟大的科学家可能对自己很不满，一位艺术家可能充满着自恋的骄傲。各种可能，好的坏的，都存在。"教师要加强自我修炼，努力成为一名"有人格做背景"乃至有人格魅力的教师，以人格熏陶学生，塑造学生的品格。

（三）关键能力与必备品格的关系

能力（关键能力）和品格（必备品格）是人类最珍贵的精神财富。它们既有相对独立性，又有内在关联性。在核心素养的形成上，强调将两者合二为一。当能力具备了积极的文化价值，具有了利他的道德情怀，才会成为众人认同的"人的素养"。也就是说，要把学科教学的学科关键能力的习得过程，放到一个可以搓揉、浸润、发酵的充满正能量的文化关怀中，成为有文化价值的能力、有道德的能力，即人的素养。

二、核心素养研究的背景和意义

（一）研究的背景

从国际的角度看，任何国家和地区对核心素养的研究都与时代发展、社会变迁以及教育改革有密不可分的联系。随着信息技术与通信技术的飞速发展，国家的产业结构也在慢慢发生改变，各国综合国力的竞争日趋激烈，已经不单单是生产力水平的竞争，更是技术、人才等的竞争。这一切，都在重塑我们的世界。在这一国际环境下，任何国家都意识到，要想在国际竞争中取胜，关键在科技，实质在人才。因此，世界各国发展的主题逐步演变成以经济发展为核心，提升全民素质。这就要求未来教育必须致力于核心素养的培养，培养学生能够适应自身终身发展和满足社会需要的关键能力和必备品格，使学生在满足个人自我发展需要的同时推动社会的发展。

高中化学学科核心素养是高中学生核心素养的重要组成部分，展现了高中化学对学生：全面发展的重要价值。高中化学学科核心素养要求学生：能够从宏观和微观的角度来分析问题和解决问题；能够动态分析化学变化，用化学原理解决实际问题；具有证据意识和推理能力，能够建立认知模型来解释化学现象的本质和规律；具备科学探究和创新意识；具有严谨求实的科学态度，能积极参与社会实践活动。《普通高中化学课程标准（2017年版）》的修订，充分吸取了我国多年课程改革以来的宝贵经验，借鉴了世界各国课程改革的优秀成果，更能够体现我国的国情，更具有国际视野。

随着素质教育的传承与发展，核心素养更加关注学生的终身发展。高中化学教师在教学过程中应围绕"发展学生化学核心素养"这一宗旨，优化教学过程，整合教育资源，提高教育质量，发展素质教育，促进专业发展，落实立德树人。

（二）研究的意义

核心素养是国家规定的教育目标的基本要求，作为素质教育的一部分，核心素养连接了宏观教育理念、培养目标和教学目标。要想让相对宏观的方针政策落实到具体的教学过程，需要将宏观的方针政策进行细化，使其转化成学生应具有的素养要求，进而贯穿于各个学段的教育，融合于各个学科的教育中，最终体现在学生本身。为了更准确地理解国家的教育方针，当务之急就是立足于我国的国情，结合时代发展的需要，根据学生的成长特点和规律以及社会对人才需求的情况，将德智体美全面发展的总要求具体落实到"教育要培养什么样的人"。

我国的核心素养体系对人才培养具有至关重要的作用。目前，我国已经成为世界上教育规模最大的国家，已经初步完成了教育资源大国和人力资源大国的崛起，正在加速转变为教育资源强国和人力资源强国，应该清楚地认识到，要想实现教育强国的目标，必须重视核心素养的教育。

从素质教育层面的角度，随着"跨世纪素质教育工程"的实施，素质教育俨然成为我国21世纪教育改革的风向标，经过多年来的不懈努力，素质教育改革已经收效明显。虽然教育改革卓有成效，不可否认的是，我国教育培养出的学生存在"高分低能"的现象，学生在考试分数上有了极大的提升，但社会适应能力较低，实践能力不足，缺乏创新精神，这极大程度地反映了我国教育培养的学生在素养发展上不全面。因而，如何进一步推进和深化核心素养教育，是当前新一轮教育改革要考虑的问题。

同时，我国形成了以考试成绩作为入学或者升学的评估标准，尚未建立和形成以素质教育为本的教育质量评价体系，致使在推行素质教育的过程中困难重重，这些问题和现状使转变教育质量的行动迫在眉睫。如今，在《普通高中化学课程标准（2017年版）》中，提炼了高中学段化学学科核心素养，整合了三维目标，明确了高中学生在学习化学课程后应达到的目标。结合了学生特点和化学学科的学科特征，更新了教学内容，明确了学生完成学科学习任务应达到的水平，对教材编写、教学实施和考试评价做出了具体的指导。

总之，核心素养的开展和研究进一步深化了课程改革，是落实国家中长期教育改革和发展规划的重要举措，对实现国家教育现代化、迈入教育强国具有重要意义和长远价值。

三、核心素养国内外研究现状

目前，对学生核心素养的研究与探讨，是国际社会和教育组织共同关注的焦点。未来培养的学生应该具备哪些最基本的知识、能力、情感态度及价值观？这些基本的素质包括哪些关键内容？这些问题已经成为世界各国发展与规划未来教育无法规避的核心问题。基于对这些问题，作者对国内外发展学生核心素养的现状进行了探索与研究。

（一）核心素养的国外研究

1. 关于经合组织的核心素养的研究

提高国家争力以满足全球化经济发展的需要，促进个体为适应全球化社会而获得自身发展的诉求，共同推动了经合组织展开关于学生核心素养的研究。1987 年启动了"国家教育系统发展指标"（Indicators of National Education Systems，INES）的项目。1997 年秋，经合组织又在 INES 的框架下启动了"素养的界定与遴选：理论和概念基础"（DeSeCo）项目，该项目于 2002 年最终完成，研究成果报告于 2003 年正式发布。需要说明的是，由于目前对"素养"概念没有统一的认定，所以本书将经合组织的相关文献中出现的"skill""competence""literacy"都定义为"素养"，而"key competences""core skills"等都被认为是"核心素养"。

2. 关于欧盟的核心素养的研究

欧盟将核心素养定义为：一个人在知识社会中实现自我、融入社会，以及就业时所需的能力。核心素养的确定是政策决定者在创造终身学习机会时的必要参照。欧盟对核心素养的定位是年轻人应该具备这些素养，并以此作为终身学习的基础。

3. 关于美国的核心素养的研究

美国于 2002 年启动了 21 世纪核心素养研究项目，该项目的目的是促进美国教育培养出具备适应时代挑战的学生，也就是说学生在受教育后能够满足美国职场对人才的需求。美国的 21 世纪核心素养的提出与落实，回应了如何与已有教育系统相衔接的问题。因此，针对已有的 3Rs 教育目标，美国 21 世纪核心素养联盟专门提出和发展了"超越 3Rs"的项目。紧接着，该项目在综合各方调查的基础上，提出了"4Cs"的新教育目标体系，以超越传统的读、写、算这些基本素养目标。2011 年，21 世纪核心素养联盟与 FableVision 联合发布了动画片，借助媒体来更为广泛地宣传和推动核心素养教育的实施。

4. 关于英国的核心素养的研究

英国是一个拥有独立的教育体系的国家，在启动核心素养调查后就将研究成果应用到了本国教育的各领域。1996 年的迪林报告（Dearing Report）将社会政治经济、社会需求与课程改革紧密联系起来，不仅在社会经济方面着重强调，也在个人发展方面有明确的要求。随后，英国在 2003 年发布了《21 世纪核心素养——实现潜力》，详细界定了高中生应当具备的核心素养。

5. 关于日本的核心素养的研究

为应对人类社会面临的新挑战，日本从 20 世纪 90 年代后期就提出要培养孩子适应信息化、国际化社会的核心素养，即生存能力。以"生存能力"为教育目标，日本掀起了新一轮的教育改革。随着时代的发展与社会的变化，跨入 21 世纪后，又出现了更多的问题，这也对 21 世纪的人才提出了更高的要求。因此，基于已有的教育改革成果，借鉴和汲取国外的经验，2009 年，以适应 21 世纪发展的新一轮课程改革研究启动。

（二）核心素养的国内研究

"核心素养"一词首次被提出是在 2014 年 3 月的《教育部关于全面深化课程改革落实立德树人根本任务的意见》中，居于深化课程改革、落实立德树人根本任务的首要位置。在制订教育质量标准、修订课程改革方案和修改课程标准等方面具有重要作用。2016 年 9 月，我国正式发布了以培养"全面发展的人"为核心的中国学生发展核心素养总体框架。在文化基础、自主发展、社会参与三个方面，又凝练出六大素养，分别是人文底蕴、科学精神、学会学习、健康生活、责任担当、实践创新。核心素养总体框架一经发布便引起了教育工作者的广泛关注，在中小学教育教学的研究和讨论中，核心素养一词开始被不断提及。2018 年，教育部正式发布了《普通高中化学课程标准（2017 年版）》，核心素养开始进入课程、进入课堂、进入学校，中国教育开始迈向了核心素养的新时代。

四、核心素养研究理论基础

随着素质教育的传承与发展，核心素养已经成为我国现代教学理论体系的重要组成部分。在对学生进行培养的过程中，既要注重知识的培养，更要注重能力的培养，同时要注重学生的需要。核心素养的教学契合了行为主义学习理论、建构主义学习理论、人本主义学习理论以及情感教学理论等现代教学理论，化学教师在进行教学设计时，要把握本学科特点，站在学生的角度，结合各种现代教学理论，设计与化学学科相适应的教学策略。

（一）行为主义学习理论

行为主义学习理论认为，学习是刺激与反应的联结，因此行为主义学习理论又被称为"刺激 – 反应"理论。其基本假设是行为是学习者对外界环境刺激的反应，外界环境是刺激，与之而来的有机体行为是反应，所有的行为都是通过学习获得的。把行为主义学习理论运用在课堂教学上，就是要求教师根据一定的教学目标，为学生创设某个环境，最大程度上塑造和矫正学生的行为，强化合适行为，消除不合适行为。

美国心理学家华生认为人类的所有行为都是通过后天习得的，环境决定一个人的行为，不管是正常还是异常的行为，都可以通过后天的学习而增加或者消除。桑代克著名"迷笼实验"的结论是学习为刺激影响反应所致，学习过程是尝试错误的过程，桑代克在实验的基础上提出了准备律、练习律、效果律三条学习定律。美国心理学家斯金纳认为有机体做出的动作反应是操作性条件反射的结果，意识是客观存在的，但它不是行为的中介物，而是行为的一部分。班杜拉的"观察学习理论"认为观察学习是人类学习的本质，他的"充气娃娃"实验结果表明成人榜样对儿童的行为有明显影响，儿童能够通过观察成人的行为而产生新行为。

化学核心素养更加明确了普通高中化学课程在教育的定位。普通高中教育在义务教育基础上应该进一步提高国民素质，促进学生全面发展，使学生适应社会生活、高等教育和职业发展，奠定学生终身发展的基础。学校和教师应以培养学生核心素养为目标，为学生的全面发展创造良好的环境，使学生在掌握知识的同时进一步提升综合素质。

（二）建构主义学习理论

建构主义学习理论认为，学习过程是引导学生根据原有知识经验主动建构起新的知识经验，学习不靠外界客观事物的刺激和教师对学习者的传授，而是学习者在外界环境下进行意义构建。

构建主义提出的知识观、学习观和教学观的基本观点，以寻求合适的教学学习情境为目的。对于知识的理解，不仅需要在原有的知识经验的基础上构建，还需要存在于特定情境中。学生根据自己的经验背景，自主选择获取和加工处理外部信息，形成自己对知识的理解。教学不是知识的传递，而是教师引导学生对知识进行处理和转换，并且要求师生和生生之间在探索过程中相互交流。在教学过程中，探究式教学、支架式教学、情境教学和合作学习都运用了构建主义的基本观点。

皮亚杰对建构主义的观点是儿童周围环境相互作用，构建关于外部世界的认识，在此过程中发展自身的认知结构。儿童的认知结构通过"同化"和"顺应"逐步建立，在"平衡－不平衡－新的平衡"循环中得以发展。维果斯基提出"最近发展区"理论，他认为个体的学习需要在一定的背景下进行，社会能够为个体发展提供支持，"活动"和"社会交往"在人的发展中都具有重要作用。

教学不是教师对学生单向交流、把知识从教师头脑中传送到学生的笔记本上的过程，而是师生之间双向交流、共同提高、共同促进的过程。基于核心素养的教学，更大程度上以学生为中心，教师不再进行传递－接受教学模式的教学，而是充分考虑学生特点，依据学生的"最近发展区"，调动各种教学资源，重视教学内容的结构化设计，提高学生的学习效率和学习效果，促进学生转变学习方式，形成关键能力和必备品格。

（三）人本主义学习理论

人本主义主张人是一个整体，不可以被肢解为不完整的几个部分。人本主义学习理论阐述了学习者的整个成长过程，注重人性的发展，重视学习者的自我肯定和自我实现。在人本主义学家看来，要理解人的行为，必须从行为者的角度看待事物，要特别注重学习者的知觉、情感和意图，强调以学生为中心来构建学习情景。人本主义理论根植于自然人性论，自然人性是不同于动物的自然属性，是人的本性。马斯洛将人类需要从高到低按层次提出了需要层次理论，这五种层次分别是生理需求、安全需求、社交需求、尊重需求和自我实现需求，这是人与动物最本质的区别。

罗杰斯是人本主义学习理论的代表人物之一，他认为人具有天生的学习潜能，可以在合适的条件下释放出来。当学生认为学习内容对自身发展有益时，学习的积极性就顺势被激发出来。教师的任务既不是教习学生知识，也不是教学生如何学习，教师的角色应是学生学习的"促进者"，为学生提供学习的手段。

化学核心素养下的《普通高中化学课程标准（2017版）》，依据普通高中课程方案，在义务教育化学课程的基础上，设置满足学生发展的多元需求，设置必修、选择性必修和选修课程。有层次、多样化、可选择的化学课程，既保证了学生学习的共同基础，拓展学生的学习空间，又保证了不同的学生可以根据自己的需求学习不同的内容，以适应未来的多样化的发展需求。三类课程不仅适应学生不同层次和不同取向的多元发展需求，同时赋予学生和学校更大的选择权和自主权。

（四）情感教学理论

情感是人类存在的必要条件，是学生学好知识的催化剂。情感教学是教师运用特定的教学手段，激发和满足学生的情感需要，从而促进教学活动的积极化。情感活动和认知活动是密不可分的，情感教育既是一种教学模式，又是一种教学策略。教师在课堂教学中应充分合理调动学生的情感，灵活机智地组织教学，提高课堂教学效率，让化学教学的生机和活力永驻，让学生感到学习化学是一件开心的事情。

罗杰斯认为教育的最终目的是使学生能够自己教育自己，重视情感在教育中的作用。他主张教师的教育活动离不开情感的应用，学生的认知活动和情感活动是有机统一的整体，要最大可能地创造师生情感交流的教育环境，以解决学生的情感问题为目标。苏霍姆林斯基主张"情感动力"思想，即通过丰富多彩的精神生活，保证人格的全面发展，保证个人天赋的充分发挥，使学习富有成效。斯卡特金的情感教学思想有学生认知发展的动力来源于情感，要创造和谐的教学氛围，提出"教学的积极情感背景原则"。

核心素养的教学中，教师要鼓励学生自由发表自己的见解，学生获得的深刻见识和采取的积极行动，教师对此予以支持。在进行教学评价时，倡导基于化学学科核心素养的评价，依据化学学业质量标准，在不同的学习阶段评价学生的化学核心素养的成就，倡导将"教、学、评"相结合，以不同程度促进学生化学核心素养的发展。

第二节　高中化学学科的核心素养理论论述

一、化学学科核心素养的提出背景

学生发展核心素养，是指学生应具备的、能够适应终身发展和社会发展需要的必备品格和关键能力，综合表现为六大素养，具体为人文底蕴、科学精神、学会学习、健康生活、责任担当、实践创新，如表 2-1 所示。

表 2-1　核心素养的主要表现

核心素养	基本要点	主要表现
人文底蕴	人文积淀	具有古今中外人文领域基本知识和成果的积累； 能理解和掌握人文思想中所蕴含的认识方法和实践方法等
	人文情怀	具有以人为本的意识，尊重、维护人的尊严和价值； 能关切人的生存、发展和幸福等
	审美情趣	具有艺术知识、技能与方法的积累； 能理解和尊重文化艺术的多样性，具有发现、感知、欣赏、评价美的意识和基本能力； 具有健康的审美价值取向； 具有艺术表达和创意表现的兴趣和意识，能在生活中拓展和升华美等

核心素养	基本要点	主要表现
科学精神	理性思维	崇尚真知，能理解和掌握基本的科学原理和方法； 尊重事实和证据，有实证意识和严谨的求知态度； 逻辑清晰，能运用科学的思维方式认识事物、解决问题、指导行为等
	批判质疑	具有问题意识； 能独立思考、独立判断； 思维缜密，能多角度、辩证地分析问题，做出选择和决定等
	勇于探究	具有好奇心和想象力； 能不畏困难，有坚持不懈的探索精神； 能大胆尝试，积极寻求有效的问题解决方法等
学会学习	乐学善学	能正确认识和理解学习的价值，具有积极的学习态度和浓厚的学习兴趣； 能养成良好的学习习惯，掌握适合自身的学习方法； 能自主学习，具有终身学习的意识和能力等
	勤于反思	具有对自己的学习状态进行审视的意识和习惯，善于总结经验； 能够根据不同情境和自身实际，选择或调整学习策略和方法等
	信息意识	能自觉、有效地获取、评估、鉴别、使用信息； 具有数字化生存能力，主动适应"互联网＋"等社会信息化发展趋势； 具有网络伦理道德与信息安全意识等
健康生活	珍爱生命	理解生命意义和人生价值； 具有安全意识与自我保护能力； 掌握适合自身的运动方法和技能，养成健康文明的行为习惯和生活方式等
	健全人格	具有积极的心理品质，自信自爱，坚韧乐观； 有自制力，能调节和管理自己的情绪，具有抗挫折能力等
	自我管理	能正确认识与评估自我； 依据自身个性和潜质选择适合的发展方向； 合理分配和使用时间与精力； 具有达成目标的持续行动力等
责任担当	社会责任	自尊自律，文明礼貌，诚信友善，宽和待人； 孝亲敬长，有感恩之心； 热心公益和志愿服务，敬业奉献，具有团队意识和互助精神； 能主动作为，履职尽责，对自我和他人负责； 能明辨是非，具有规则与法治意识，积极履行公民义务，理性行使公民权利； 崇尚自由平等，能维护社会公平正义
	国家认同	具有国家意识，了解国情历史，认同国民身份，能自觉捍卫国家主权、尊严和利益； 具有文化自信，尊重中华民族的优秀文明成果，能传播弘扬中华优秀传统文化和社会主义先进文化； 了解中国共产党的历史和光荣传统，具有热爱党、拥护党的意识和行动； 理解、接受并自觉践行社会主义核心价值观，具有中国特色社会主义共同理想，有为实现中华民族伟大复兴中国梦而不懈奋斗的信念和行动
	国际理解	具有全球意识和开放的心态，了解人类文明进程和世界发展动态； 能尊重世界多元文化的多样性和差异性，积极参与跨文化交流； 关注人类面临的全球性挑战，理解人类命运共同体的内涵与价值等

核心素养	基本要点	主要表现
实践创新	劳动意识	尊重劳动，具有积极的劳动态度和良好的劳动习惯； 具有动手操作能力，掌握一定的劳动技能； 在主动参加的家务劳动、生产劳动、公益活动和社会实践中，具有改进和创新劳动方式、提高劳动效率的意识； 具有通过诚实合法劳动创造成功生活的意识和行动等
	问题解决	善于发现和提出问题，有解决问题的兴趣和热情； 能依据特定情境和具体条件，选择制订合理的解决方案； 具有在复杂环境中行动的能力等
	技术应用	理解技术与人类文明的有机联系，具有学习掌握技术的兴趣和意愿 具有工程思维，能将创意和方案转化为有形物品或对已有物品进行改进与优化等

二、化学核心素养的内涵以及认识

高中化学教学的目标不仅仅是应试，更重要的是让学生具备较完备的学科知识体系和学习能力，并在此基础上培养学生的学科素养。如果在平时的教学中，教师有意识地培养学生的化学学科素养，特别是核心素养，将极大地提升学生在化学学科的学习能力，并为将来化学专业的学习奠定坚实的基础。

（一）化学学科核心素养的内涵

之所以提出发展学生核心素养这一命题，其中的一个重要原因就是要解决由"应试教育"所导致的"有知识、无素养"的问题。为了应试，学生通过记忆而不是建构来习得知识。学生头脑中的知识多是浅表性的而不是本原性的，多是散点式的而不是结构化的。这样的知识只具有考试答题价值，而不具有迁移应用价值，在真实问题解决中难以发挥作用。因此，本次课程改革着力解决的关键问题是如何将知识转化为素养。

所谓素养是指一个人在完成一件工作或解决一个问题时所表现出来的能力和品格。具备素养的人，在社会中可以产生"正能量"，也可以带来"负能量"。这也就是说，素养是有价值取向的。新课标中所提出的化学学科核心素养，反映的是"社会主义核心价值观下化学学科育人的基本要求"。

所谓化学学科核心素养是指学生通过化学学科学习而逐步形成的正确价值观念、必备品格和关键能力。"正确价值观念"属于价值取向，"必备品格"主要属于非智力因素，"关键能力"属于智力因素。三者的关系如图 2-1 所示。

图 2-1　化学学科核心素养的内涵

（二）化学学科核心素养与科学素养的关系

有了科学素养，为什么还要提化学学科核心素养？二者之间具有怎样的区别和联系？这是学习新课标，使化学学科核心素养落地必须从理论上首先解决的重要问题。

1. 化学课堂教学的圈层结构

在化学教学中可以发现，当化学知识进入课堂时，我们实际上给知识穿了两层"衣服"，一层是"认识层"，一层是"教学层"。例如，"通过这些实验事实，你能得出什么结论？大家讨论一下"。实验事实，是化学知识，属于"知识层"；"你能得出什么结论"，启发学生运用归纳推理的方法得，属于"认识层"；"大家讨论一下"，运用了"讨论法"，属于"教学层"。化学课堂教学中知识层、认识层和教学层普遍存在的这种圈层关系，称为化学课堂教学的圈层结构，如图 2-2 所示。

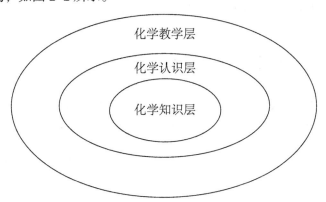

图 2-2　化学课堂教学圈层结构

化学认识层回答的是如何认识化学科学知识，即认识方式方法问题；化学教学层回答的是如何有效地认识化学科学知识，即教学方式方法问题。在化学课堂教学中，只有认识层和教学层有机融合，才有可能保证教学的有效性。圈层结构模型提供的一个重要启示是，要重视化学认识层的深入研究，化学认识层更具有化学学科特质。

2. 认识的层级结构及其与教育、素养之间的对应关系

从认识论来看，认识具有不同的层级。站在化学教育的立场上，按照认识的抽象概括程度，可分为 3 个层级，即哲学认识、科学认识和化学认识。它们与教育、科学教育、化学教育、核心素养、科学素养和化学学科核心素养具有对应关系，如图 2-3 所示。

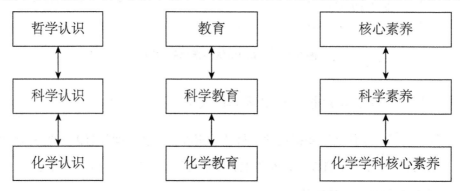

图 2-3　认识的层级结构及其与教育、素养之间的对应关系

3. 化学学科核心素养是对科学素养的深化和具体化

从图 2-3 可以看出，化学学科核心素养是具有化学学科特质的科学素养，"是学生必备的科学素养"。化学学科核心素养是从化学学科层面来落实科学素养的，因此，它是科学素养的深化和发展；同时，它又反映和体现了化学学科特质，因此，它也是科学素养的具体化和化学学科化。从这个意义上说，化学学科核心素养理论是科学素养理论的重大发展和深化。这也是新课标先进性和创新性的重要标志。

三、基于化学学科核心素养的教学评价

在新课标的实施中，根据新课标的培养目标和标准，面对具体的教学实际，教学评价应该评什么、怎样评，如何把教学评价作为课程改革的导航器、助推器，如何利用教学评价引导教师主动接受新课标理念、自觉改革教学思想及策略等，都是需要探讨的新问题。

化学教学评价作为化学教学系统的重要组成部分，它虽然不能直接使学生产生创新能力，但它的内容和形式对创新教学的开展、学生创新能力的培养起着重要的促进或阻碍作用。然而从当前化学教学评价的现状看：在形式上是近乎单一的分数评价方式，在内容上也是基本上只注重认知领域的评价，从而使得"教师为分而教、学生为分而学"的现象严重地存在于今天的化学教学中。这种现状不利于学生创新能力的培养和创新素质的养成，已经难以适应中学化学创新教学的新要求。因此，必须对其进行改革，以确保我们的

化学创新教学尽快落到实处。作者仅对化学教学评价中的学生评价的改革取向谈点自己的见解。

在化学教学评价的诸多方面中，对学生的评价是其重心所在，其评价内容和方式在很大程度上决定着教师的教和学生的学。中学化学创新教学的实施，要求对学生的评价从以下几方面做相应改革和优化。

（一）注重评价内容的全面性

化学教学目标是多元的，目前被普遍认同的教学目标的分类基本上是布卢姆的教学目标分类法。该法将教学目标分为认知、情感和动作技能三大领域。中学化学创新教学的教学目标也不例外，它的多元化的教学目标也主要反映在以上三大领域。多元化的教学目标需要全面的化学教学评价才能确保该目标的实现，然而在我们的化学教学中由于长期以来只重视认知目标的评价，考什么教什么，怎么考怎么教，把难以量化的情感目标和动作技能目标基本排除在被评价目标之外，导致教学评价和教学目标严重脱节。这种现象是与中学化学创新教学的先进教学思想极不适应的。化学创新教学在目标上的多元性要求化学教学评价应该是全面的，而不是片面的，是和其教学目标相吻合的，而不是脱离的，即中学化学创新教学下的教学评价应该对学生的化学基础知识和基本技能的掌握情况、观察能力、实验能力、创新能力等能力的发展状况以及学生的创新意识、创新精神、对学习化学的兴趣等情感状况做出全面客观的评价。

（二）注重评价方法的多样性

中学化学创新教学目标的多元化理应与多样化的评价方法相对应，唯有如此才能使全面的化学教学评价落到实处。一般来说，化学创新教学的常用评价方法主要有以下几种。

1. 考试（笔试）

在化学创新教学的诸多教学评价方法中考试仍然是极其重要的一种，在我们大力呼唤创新能力、倡导创新教学的同时又大肆批评单一的笔试评价方式不利于化学创新教学开展的时候还论及考试，或许会给人一种不协调的感觉。其实考试与化学创新教学在本质上并不排斥，而问题的关键是考什么、如何考的问题，不好的考试会阻碍创新，而好的考试完全可以为学生的创新服务。为体现创新精神、引导化学创新教学实施，必须对化学考试进行改革，试题要以由知识立意转变为能力立意为指导，着力从以下方面进行优化：

（1）增大主观题的比重。常见的试题类型大致可以分为主观性试题和客观性试题两种。在化学考试的试题类型中常见的客观性题型主要有选择题、填空题、简答题等，常见的主观性题型主要有计算题、论文题等。两种类型虽各有长短，但比较而言主观性的试题在检测学生的组织综合能力、灵活运用所学化学知识解决新问题的能力及学生的创新能力方面有着独特的优势，所以要在化学考试的试题中适当增大主观性试题的比重。

（2）开发体现创新精神的新题型。在当前的化学考试的试题中，一般情况下以化学知识立意的试题较多，以能力立意的试题较少。为改变这一现状，体现创新精神，引导化学创新教学的开展，在化学考试中可尝试开发以下类型的试题：

①"开放性和情景性"试题。开放性试题是指试题的条件是开放的、内容是开放的、思维过程是开放的以及结论是开放的，这种试题可以有效提供给学生自由展现个人才能的机会，能够充分利用所学的化学知识解决生活中的一些实际问题，增强化学学科教学中的理论和实践的有机结合，对培养学生的创造思维和创新精神很有好处。

②"跨学科知识"型试题。纵观当今的许多重大学科研究成果，绝大多数是学科之间知识的综合，所以化学试题要注重开发不同学科知识之间相互渗透的试题，以此加强化学学科和其他相关学科的联系，综合运用所学的知识解决问题。同时该种试题类型的开发与当今推广的全国高考的"3+X"模式在精神上是一脉相承的，如要求学生利用物理原理设计一个化学实验证明浓硫酸的脱水性就是这种题型极好的例证。

2. 档案袋评价法

该法是适应化学创新教学对化学教学评价提出的新要求而采用的一种新的评价方法。它要求为每个学生建立一个化学档案袋，然后将学生在化学教学中所有体现创新精神和创新能力的行为和成果都一一记录在案，主要包括一些化学学习策略卡、化学小论文、课外小制作、小实验（尤其是家庭实验和微型化学实验）以及一个很好的化学解题思路等。经过一段时间，每个学生的创新精神和创新能力都会从档案袋中反映出来。

3. 观察法、调查法及谈话法等

对于化学教学目标中难以量化的情感领域和动作技能领域的教学目标，如学生的化学学习兴趣、创新意识、爱国主义情感以及辩证唯物主义观点等方面，可以通过观察法、调查法及谈话法等一些定性的方法进行评价。

（三）注重评价标准的科学化

教学评价从评价的标准来分通常可以分为绝对评价法、相对评价法和个体内差异评价法三种形式。绝对评价法是在被评价对象集合之外确定一个标准，然后将评价对象与之相比较而进行的评价,它的最大的特点就是它的教育性,被评价者通过评价后看到自己的进步会激发其继续前进的斗志。相对评价法是以某一集合的平均状况为基准,再把被评价对象与之相比较来评价每个被评价对象在该集合中的相对位置,它往往容易造成学生之间的激烈竞争,尤其对后进生的发展不利。个体内差异评价法是以评价对象——学生自身为参照物进行的评价,由于是跟自我相比较,充分考虑了学生之间的个体差异,所以较绝对评价法更能体现出它的激励性,它的这一特点对化学创新教学尤其重要,因为它有利于增强学生的自信心和创新能力的培养。从三种评价标准的优缺点可以看出,化学创新教学在开展教学评价时,应该灵活运用绝对评价法,允许不同的学生按不同的速度达到化学创新教学的目标,慎重运用相对评价法,大力提倡以往化学教学评价中常常缺少的个体内差异评价法。

(四)注重学生的自我评价

教学评价从评价的主体来分可以分为他人评价和个人评价两种形式。在目前的化学教学评价中几乎是清一色的他人评价,其中,教师是给学生打分数的权威,学生只能处于被动的被评价的地位,这使得学生的主体性得不到应有的体现。现代教学评价认为,应该充分认识到学生个人开展的自我评价的重要意义,它不仅能够让学生发现自己在学习中存在的问题,及时了解自己的学习状况、增强学习的自信心,而且能够增强学生的自我评价能力,充分发挥学生的主体性和创造性。因此,化学创新教学在进行教学评价时不仅要做好以他人为主的外部评价,更要注重学生自己的自我评价,使二者达到完美的有机结合。

总之,在新课程改革的形势下,教学评价呈现出多样化特点:评价方式的多元化、评价内容的多元化、评价主体的多元化。不管是教学的哪种评价,教师作为教育的研制者和实施者,都必须体现新课程评价改革的思想,关注评价的教育功能和正确导向功能,发现和发展学生身上多方面的潜能。教师一定要充分认识到化学教学评价在化学教学系统中的重要地位和统率作用,同时还要认识到当今化学教学评价中学生评价方面的弊端及其对开展化学创新教学的阻碍作用,从而增强我们对化学教学评价中学生评价方面的责任感。

四、化学学科核心素养

(一)化学学科核心素养概要

高中化学学科核心素养是学生发展核心素养的重要组成部分,是高中生综合素质的具体体现，反映了社会主义核心价值观下化学学科育人的基本要求，全面展现了学生通过化学课程学习形成的关键能力和必备品格。它是学生在化学认知活动中发展起来并在解决与化学相关问题中表现出来的关键素养，反映学生从化学视角认识客观事物的方式与水平，其要素包括"宏观辨识与微观探析""变化观念与平衡思想""证据推理与模型认知""科学探究与创新意识""科学态度与社会责任"5个方面。这5个方面充分体现了化学学科特征的独特性，凸显了化学是从微观层面认识物质，以符号形式描述物质，在不同层面创造物质的特征。

1. 学科基础知识是学生发展化学学科核心素养的载体

化学学科基础知识是化学课程的主体。化学课程标准根据学生的认知能力、水平和学生个性化发展需要确定课程的主题、模块和系列，这些主题、模块和系列都依托化学基础知识将其科学、有效地融合在一起。学生在学习化学基础知识的进程中，逐步形成并发展其化学学科核心素养。例如，"宏观辨识与微观探析"要求学生能从宏观和微观相结合的视角分析和解决实际问题。学生通过必修主题3"物质结构基础和化学反应规律"的学习，建立"宏观辨识与微观探析"的基本意识；在选修"物质结构与性质"模块的学习中，提升"宏观辨识与微观探析"的发展水平；在选修"有机化学基础"模块对官能团的认识中，能够应用"宏观辨识与微观探析"解决实际问题。

2. 学科能力是学生发展化学核心素养的保障

化学学科能力是指学生在化学课程学习过程中表现出来的比较稳定的心理特征和行为特征。化学学科能力可以概括为理解能力、推理论证能力、实验探究能力和综合分析能力，其中理解能力是发展化学核心素养5个要素的基础，推理论证能力的高低决定"变化观念与平衡思想""证据推理与模型认知"的发展水平，实验探究能力和综合分析能力的层次决定"科学探究与创新意识""科学态度与社会责任"的发展水平。学生在化学课程的学习过程中，不仅仅要学习化学基础知识，更需要提升其学习能力，促进其化学核心素养不断发展。

3. 学科思想方法是化学核心素养的实质

化学学科思想是人们在认识化学的实践活动中形成的一种思维方法和思想意识，是对化学的本质、特征与学科价值的基本认识。化学是在原子、分子水平上研究物质的组成、结构、性质、变化及其应用的一门基础学科。其学科思想极为丰富，主要包括：物质运动思想，即物质是运动的、物质运动是有规律的；物质分类思想，即树状分类、交叉分类；物质守恒思想，即质量守恒、电荷守恒、电子得失守恒、能量守恒；动态平衡思想，即化学平衡、电离平衡、水解平衡、沉淀溶解平衡；唯物辩证思想，即对立统一、量变与质变、现象与本质、一般与特殊；绿色化学思想，即绿色发展、环境友好。化学学科核心素养的发展实质就落实在化学学习过程中，使用"宏观－微观－符号"来认识物质及其变化，帮助学生树立正确的世界观，形成科学的方法论。

认同物质世界的客观性和可认知性，是探索物质世界的前提；证据的判断、推理和探究能力，是学习、研究化学学科的必备品格和关键能力；从宏观现象入手，在原子、分子水平上分析研究，并运用化学符号模型进行表征，是化学学科的基本认知方式；掌握物质化学变化和能量转化的基本规律，能运用逻辑思维对物质及其变化现象进行分析推理，是认识、创造新物质的基础和途径；在研究、利用、创造新物质的过程中，能自觉遵循科学原理，具备社会可持续发展的观念，具有交流合作意识，是现代社会对人才的基本要求。

（二）对高考化学试题考查化学核心素养的分析

高考化学试题以化学学科最新科研成果和社会热点问题为背景，创设客观、真实的试题情境，实现对化学学科主干知识、学科能力和核心素养的考查，促进学生认识化学与人类生活的密切关系，关注人类面临的与化学相关的社会问题，培养学生的社会责任感、参与意识和决策能力。注重对思维过程的考查，强化科学探究，促进学习方式的转变，培养学生的创新精神和实践能力。体现出知识与能力以及能力与素养相互依存、相互促进的辩证关系。高考化学试题遵循如图 2-4 所示的命题基本框架。

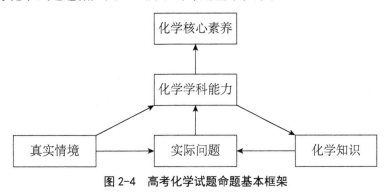

图 2-4 高考化学试题命题基本框架

高考化学试题基于对知识点的考查需要，创设真实的试题情境，逐层递进地设置有价值的实际问题。"真实情境"服务于"实际问题"的提出，"化学知识"服务于"实际问题"的解决，考查学生在解决"实际问题"过程中的理解能力、推理论证能力、实验探究能力和综合分析能力，实现对化学学科核心素养的测试。

（三）围绕发展学生核心素养，贯彻考试招生改革的理念，有效实施高中化学教学

2001 年课程改革以来，高中化学教学围绕三维目标展开，促进学生掌握最基本的化学知识和技能，了解化学科学研究的过程和方法，形成积极的情感态度和正确的价值观，提高学生的科学素养和人文素养。新一轮课程改革将围绕学科核心素养展开，化学教学应该有效地处理好化学学科的三维目标与化学学科核心素养的关系，把知识和技能的教学提升到化学观念的层面，将过程与方法的教学发展为科学探究和学科思维，使情感态度与价值观转化为科学态度与社会责任，发展学生的化学学科核心素养。

五、核心素养下的高中化学课堂教学艺术

学习是学生的活动，学生是主体，但是，学生能否学得生动有趣，能否得到发展，教师的主导作用是不能忽视的。教师主导作用表现在要激发学生强烈的学习兴趣，使学生爱学；培养学生良好的学习习惯，使学生能学；教会学生掌握科学的学习方法，使学生会学。教师要把这一主导作用的三个重要组成部分贯穿于教学的全过程，包括教学前的准备（备课等），教学中的讲、做、练，教学后的考核、评估、反馈。

学习兴趣、学习习惯和学习方法之间是有机联系的，但是具有不同层次的要求。兴趣是学习入门的向导，习惯是学习意志的表现，方法则是学习能力的综合。

（一）激发化学学习兴趣

利用化学知识素材，千方百计地激发学生强烈的学习兴趣和求知欲是化学教师的重要责任，也是化学教师必须具备的基本素质。学生在不感兴趣和不乐意学习的情况下是无法学好功课的，所以，为了让学生学好，必须使他们好学。要激发学生的学习兴趣，鼓舞学生的学习热情，启发学生的学习愿望，让学生爱学自己所教的化学课程。

1. 良好开端是成功的保证

学生在化学学科教学的最初阶段具有强烈的好奇心和新鲜感，这是教学的极有利条件。要引导学生了解化学是一门非常重要又非常有趣味的学科，让学生一开始就产生学习兴趣，具有学习的愿望。因此，教师要重视联系学生日常生活中所接触的事物，并结合教材内容介绍一些化工生产概况、化工产品的应用、三大合成材料发展的前景以及化学在高科技中的应用等信息。例如，最近研制成功的 C_{60} 在医学上的应用，偏二甲肼作为航天运

载火箭的燃料在研制、发射人造卫星时的应用。再如，日常生活中雕白块、苏丹红等"食品添加剂"的危害。这样，利用知识应用实例，既激发了学生学习的兴趣，又开阔了学生的眼界，使学生寻找到化学知识的生长点，增强了求知欲。

2. 巧妙设计教学过程，把知识讲活

教师对教材要悉心钻研，正确理解，认真分析，科学处理，在此基础上精心设计每章每节的不同教法，以突出重点、分散难点。要充分发掘教材内在的兴趣因素，采取启发、引导、讨论的方法进行教学。例如，节日夜晚的焰火为什么是五光十色、绚丽多彩的？为什么石油被称为黑色金子？等等。对于教材中一些概念或规律，如摩尔、电子云的形状、分子结构、同分异构体等，看来既抽象又乏味，要通过生动的语言、形象化的比喻并辅以磁性黑板、图表、模型、电视录像以及多媒体等现代化教学手段，把知识讲活，使枯燥乏味的知识变得生动有趣。对教材中的重点和难点要进行化解，以易于学生理解和掌握。例如，氧化还原反应、离子方程式、化学计算等，常因题目变化多样而造成学生学习上的困难。究其实质，所谓变化多样实质上只是题型与题意的变化，而所涉及的基本概念和基础知识是不变的。为了分解难点，减少学生心理上的压力，可采用精讲多练的方法。精讲即讲清概念，分析清楚题意；多练即加强课内外练习，把这些练习贯穿于整个化学教学的全过程，使之由浅入深、不断深化而达到牢固掌握的目的。

3. 创设实验，展示化学的魅力

化学是一门以实验为基础的自然科学，在化学教学中充分发挥实验的作用，是培养学生兴趣、获得知识、发展能力的十分重要的手段。因此，要精心组织和设计每一个演示实验和学生实验。在演示实验过程中创设一些奇特现象，引导学生观察，使学生产生好奇心，进而围绕现象组织大家讨论（教师要不时提出问题诱导思维）。例如，在学习焰色反应时，教师在燃着的酒精火焰里依次撒入锂盐、钠盐、钙盐、钡盐、铷盐、钾盐和锶盐，然后引导学生观察火焰颜色的变化，依次出现紫红色、黄色、砖红色、黄绿色、紫色、浅紫色和洋红色。学生观察时目不转睛并连声叫好，效果极佳。学生在很短的时间内，在十分轻松愉快的气氛中很自然地就掌握了某些阳离子的鉴定方法。学生亲自实验对学生更具吸引力，教师除了讲清实验目的、操作要求外，还要特别注意在操作过程中提出更多的"为什么"，随着实验现象的变化激发学生探究知识的兴趣。

4. 确立新的评价主体，活跃评价形式

教学评估是教学的重要环节，也是学生既害怕又期待的教学活动。因此，如何组织考试，对培养学生的学习兴趣，调动学生的学习积极性，正确评估学生学习成果是至关重要的。考试形式多样、生动活泼，学生也就学得既有兴趣又很主动。化学考试的笔试题应主要考查学生的理解能力，题目既要紧扣大纲、教材，又要注重综合性和灵活性，既要有新意又不出偏题、不搞文字游戏或数学游戏。题目要密切联系生产、生活实际，要重视基础理论知识及其应用，也要注意引进新的科技知识。通过考试要使学生感受到成功的喜悦。除笔试外每学期还要举行一次实验考试，实验考试应组织得生动活泼，在实验考试中培养学生的学习兴趣，调动学生的学习积极性，达到复习知识、巩固知识、考查成果的目的。实验考试一般按准备、复习、考查、讲评四个阶段进行。即先由教师公布考题，学生全面准备。复习课上挑选个别学生抽题后上讲台进行操作演示，全班同学按该题评分要求进行讨论并指出错误，给予初评。教师再针对操作及讨论情况进行讲评，并给予准确评分。考查时采取每位学生抽一题先操作后口试的办法，教师详细记录实验情况，作为评分依据。最后针对考查情况由教师逐题进行讲评。

（二）培养学生良好的学习习惯

要培养具有扎实基础的有用人才，不能仅仅停留在培养学生的学习兴趣上，教师还要下大力气培养学生良好的学习习惯，这是更高层次的非智力因素。教育家叶圣陶先生认为教育就是养成良好的习惯，可见习惯对培养人的重要作用。在学校时使学生养成良好的学习习惯对他们以后的成长是极有好处的。

1. 培养学生严谨的科学学习习惯，强化化学思想

科学是严谨的，不论是参与现在的学习活动，还是今后参与社会的生产和服务活动，都必须具有强烈的事业心和社会责任感。因此，在学校读书时就应该培养学生养成严谨的、科学的、一丝不苟的学习习惯。这种学习习惯的培养必须贯穿于教学的全过程，包括课前、课内、练习、作业、实验、考试各个方面。课前有预习的习惯，课内有抓关键的"字"与"词"理解概念和定义的习惯，回答问题有语言简练具有针对性和准确性的习惯，及时发现问题有举手发言或发表不同意见的习惯，课外作业有字迹端正、解题规范的习惯，对错误的、不符合要求的作业有严格订正或重做的习惯，实验课内有严格按照实验操作规范进行实验、真实记录实验现象的习惯，做实验有整理仪器、爱护公共财物的习惯，仪器损坏有主动赔偿的习惯，等等。这些习惯的培养要建立在教师对学生严格要求的基础上，会受到教师言传身教的影响。因此，教师要做到以下几点：在课前提出明确的预习要求；讲课时要富有逻辑性，语速适中，语调抑扬顿挫；演示实验时步骤简明，干净利落，操作规范，现象明显，结果准确，桌面保持整洁；批改作业、试卷细致认真，不放过每一

个错误，乃至一个小数点、一个错别字或标点符号；每次作业和试卷的批改情况做好详细记录，认真讲评。教师的这种严以律己的精神将在学生的思想上起到潜移默化的作用，使学生在学习上逐步养成一丝不苟的良好习惯。

2. 培养学生自觉自愿学习的习惯，强化化学意识

学习是十分艰苦的脑力劳动，在学习过程中会遇到不少干扰和种种意想不到的困难，这就要求教师要着力培养学生专心致志学习和克服困难的习惯。学生应当学会在某一特定的时刻摆脱周围的一切干扰，以便集中精力克服困难达到教师或自己制订的学习目标。应当使学生懂得学习就要努力开动脑筋，深入钻研。在教学中要注意向不同对象提出不同的学习要求，对不同的学生设置不同层次的问题，但都要学生通过独立思考才能解决，以帮助他们树立学习的信心，并培养他们的求知精神。课外作业要有一定的难度，强调学生独立完成，但允许学生自己找参考书，错了订正，直到做对为止。培养他们在无人监督的情况下能通过自己的努力克服困难，完成学习任务。

3. 培养学生进行有效学习的习惯，强化学习效果

教师要在日常的教学活动中培养学生重质量、讲效率的习惯，这不仅是学习的需要，也是对人才素质的要求。学习上的高质量、高效率体现在学生思维的敏捷性上，扎实的基础知识是达到思维敏捷的保证。所以教师一定要把基本原理、定义、知识的基本规律等讲清讲透，使学生全面系统地掌握，不仅知其然还知其所以然。课堂问答要讲究效率、讲究准确性，特别是要通过精心选择作业去培养学生的这种习惯。正确高速的解题是高质量、高效率学习的重要标志之一。要达到这一要求，必须把培养学生的审题习惯和审题能力放在重要的位置，且贯穿于整个教学过程中。经常选择一些典型例题做示范分析，理解题意，剔除解题中的误区，找出解题的关键，理出解题思路，然后得出解题的正确方法。对于一些难度较大的综合题，要引导学生仔细阅读题目，分析题目中所涉及的知识的内在联系，有时可应用图表分析，彻底弄清题目中的已知和未知条件及它们之间的关系，启发学生从不同方位、不同角度进行思考，以寻找不同的解题方法，并选择最佳的解题方法。还可以选择一些一题多问、一题多变、一题多解、多题一解的例子，引导学生多角度思考问题，培养学生思维的敏捷性，正确高效地完成学习任务。

（三）注重学法指导

教师的任务不仅是传授知识、使学生掌握知识，更重要的是要教会学生如何运用已有知识去认识问题和解决问题，也就是教导学生由学会到会学。使每个学生都具有科学的学

习方法和学习能力，这是更高层次的要求，学生将终身受益。

1. 引导学生看书，培养自学能力

正确指导学生阅读课本和课外的参考书，教会学生看书的方法，是培养学生自学能力的重要途径，也是学生会学的重要标志。如何指导学生看书，特别是教科书？首先，应该给学生布置预习课本内容的任务，教师根据大纲和教材的要求，从学生的认识水平出发编制自学提纲，让学生通过自学画出重点，发现难点，提出疑点，思考解决问题的途径，然后带着问题和疑点听课。其次，在课内，有针对性地指导学生阅读课本，对于一些化学概念和定义，特别是容易混淆的概念，指导学生学会紧扣有关概念的字、词、句进行分析比较，找出概念间的联系和差异，从而形成正确的概念。对于那些属于同类知识内容的教材，教会学生把前后知识串联起来一起阅读，以掌握知识的内在联系。最后，还要重视指导学生正确阅读和运用参考资料。现在各种参考资料泛滥成灾，学生手头有大量的参考资料，参考资料不可不看，但要指导学生正确阅读和选择使用，要系统地培养学生在参考资料中寻找问题的答案，以扩大知识面和提高综合运用知识的能力。

2. 诱导学生思考，培养思维能力

发现问题，提出质疑，勤于思考是学生深入理解教材、牢固掌握知识的表现，是积极思维、具有创造力的表现，教师应该在教学过程中培养学生的这种能力。现在学生知识与能力脱节的一个重要原因就是思维能力不强。因此，要有意识地培养学生的思维能力，教师在教学中应该指导学生学会自学与思考同时进行，练习与思考同时进行，实验与思考同时进行，记忆与思考同时进行，回答提问与思考同时进行，养成思考的习惯，培养思维能力。练习是学生展开积极思考的好时机，因此一定要让学生独立完成作业，在独立解题中积极思考问题。要教会学生处理记忆与思考的关系，要指导学生哪些应该记住，哪些应该理解，应该怎样记忆，应该怎样理解，启发学生思考问题的思路。应该指出，基本概念一定要理解记忆，否则思维会混乱，思考问题容易没有基点，必要的记忆是需要的，但是绝对不能用记忆代替思考。教师在讲解时不能把所有内容一讲到底，而应该运用教材内容去引导学生进行积极思考。

3. 注重知识的升华，培养理解能力

要学生把知识学活，就要使学生善于综合分析，善于运用已有知识，使知识处于运动之中，使知识变为思维的工具，达到理解知识充实自己的目的。所以教师在教学过程中，应该重视训练学生对已有知识的综合分析能力，借以培养学生的理解力。在化学教学中，不少知识的学习都有一个由感性到理性的过程，要指导学生对实际事物和实验进行观察研究，通过认真综合分析，掌握因果关系和内在规律，得出概括性的结论和判断。在一般情况下，不能把现成的结论立即告诉学生。教师要注意学生理解知识需要一个过程，要运用对比、联想等方法引导学生自己去分析，去理解，有时还可以采取共同讨论的方法引导学生学会综合分析，加强对知识的理解，起到举一反三的作用。如何指导学生学会综合分析？在课堂教学中应根据不同的教学阶段进行设计。在新课教学中指导学生将教材中的个别对象和个别现象的各个属性综合成一个统一的整体去认识。例如，通过对硝酸性质的综合分析得出它既具有酸的通性又具有独特性，并与盐酸、硫酸的性质进行对比，以加强对酸的认识。讲完一章复习时，指导学生抓住本章主线，纵横联系归纳概括，把知识串联起来。例如，学习物质的量一节以后，引导学生以物质的量为主线，综合分析物质的量与物质的微粒数、摩尔质量、气体摩尔体积、气态方程式以及物质的质量和物质的量浓度之间的关系及有关计算，概括串联成图，厘清相关内容的清晰脉络。单元学习结束时，指导学生在复习知识的纵横联系时，更应突出知识的横向联系，运用对比、归纳、分析、综合等逻辑手段，揭示规律，使前后知识系统化。例如，学完有机化学烃及烃的衍生物以后，指导学生将前后知识分析归纳得出官能团之间的衍变规律，使学生所学知识得到巩固。

4. 规范实验操作，培养动手能力

要充分发挥化学教学实验性的优势，通过各种实验活动，让学生进行实际操作，培养学生的动手能力。在课堂教学中教师规范化操作演示实验十分重要。要说明为什么如此操作，操作规范是什么，要注意什么问题等。教师的演示实验要为学生操作作出良好的榜样。还要充分运用学生上实验课的机会，让学生在自学的基础上自己设计实验，自己动手操作。教师要仔细观察学生的每一个实验是如何操作的，对个别学生操作上存在的问题进行个别指导，对学生中存在的普遍问题必须在实验结束时向全班学生指出，或让学生上台重现其错误操作，然后教师进行规范化的演示，以加深学生的印象。为了使学生有更多的实验操作机会，得到动手能力的训练，除了实验课外，还可开展形式多样的课外兴趣小组活动，尽量使学生有更多的实验时间。课外活动的形式可以多种多样，例如，组织班级间开展化学实验操作表演赛，提出一些研究性的课题鼓励学生开展实验活动，指导学生进行探索性的实验等。

第三节　高中化学课堂教学培养核心素养的策略研究

一、学校要树立核心素养教育理念

（一）树立正确的教育观

高中生所需具备的学科核心素养，是学校开设一门学科课程的灵魂，一所学校的办学理念最重要的是应该体现该学校的精神文化。一所学校的办学理念包括：校训、校风、办学宗旨、培养目标等，先进的办学理念对内具有向心力以及凝聚力，对外则代表品牌和核心竞争力，学校拥有先进的办学理念为该校培养学生的核心素养提供了有力的保障。

高中学校要根据高中生身心发展的特点，以提高学生身体素质和心理素质为目标，开展适于高中生核心素养发展的课程。教学模式要时刻体现以人为本，以育人为目标：避免严重倾向于应试教育，尽量减少学生的学业和考试压力，避免题海战术；尊重学生的个性差异，因材施教；注重激发学生的学习的积极性和主动性，养成良好的学习习惯；提倡全面发展学生的综合素质，注重培养学生的应用实践能力、科学探究和创新精神，增强学生的公共意识和社会责任感。学校可以成立一个化学社团，组织学生动手实践，不仅能丰富学生的课余生活，还能提高学生学习化学的积极性以及自主探究合作学习的能力，培养学生的创新精神和实践能力，开阔学生的眼界，增强学生的化学学科核心素养，使学生的各项素养得到全面均衡的发展。

学校要树立正确的教育观，不断地更新办学理念和提升办学目标，更新教学理念，转变教学观念，更新教学目标和方法，为高中生提供一个轻松愉悦、良好的学习环境，营造一个学习化学的优良氛围。

（二）加强规划化学课程的实施

传达化学学科核心素养精神，组织教师根据普通高中课程方案，认真规划好一学期或一学年甚至整个高中学习阶段的化学课程实施的方案。积极组织化学教师参加各种形式的培训，为教师之间的相互交流、研讨和学习提供机会，帮助教师更深层次地理解化学课程标准提出的课程基本理念和性质、化学学科核心素养内涵和各维度素养水平、化学课程目标、化学课程结构、化学课程内容、化学学业质量以及化学课程标准实施的建议，努力提高全校化学教师实施化学课程标准的能力。根据普通高中化学课程方案及课程标准的要求和规定，切实做好高中化学必修、选择性必修以及选修课程的开设和开展工作，保证三种化学课程教学时间充足，保障学生达到对应的学业质量水平的要求，并形成良好的化学学科核心素养。

学校在实施化学课程规划的过程中，可以尝试"教师流动走班授课"和"学生流动走班听课"的教学模式来开展，这样即使是在有限的学校硬件设施和教师资源下，化学选择性必修和选修课程依然可以具备灵活性和多样性，同时能提高学生学习化学的兴趣，促进学生的个性化与全面化的发展，还能提高学生对化学学科核心素养的认知程度，对学生核心素养的发展有非常大的帮助和促进作用。另外，学校还应该结合学校的实际情况，充分有效地利用学校资源和社会资源，加强与其他学校之间的交流与合作，促进学校全体师生核心素养的发展。

（三）加强化学实验室和学科专用教室的建设

学校应该充分意识到建设化学实验室和学科专用教室具有重要的作用和意义，按要求配备专门负责管理化学实验室的实验员，并注重提高实验员的专业素养；制定比较完善的实验安全守则和制度，建立科学的实验室运行体制；配备齐全的实验器材、仪器、设备、药品和基础设施，保证所有普通高中化学课程标准要求的化学实验和科学探究活动，学生都能安全、顺利地开展。有条件的学校还应该引进一些现代化先进化学仪器，并在规定的时间对学生或课外兴趣小组开放，让学生在教师或实验员的指导进行科学实验探究。学校还应该为化学学科配备专门的教室，为学生更好地学习化学课程、老师更顺利地展开针对性教学提供场所和创造良好的条件，充分体现化学教学的探究性以及实践性。

（四）加强化学备课组备课、听课管理

备课活动是帮助教师之间相互交流、探讨、学习的重要途径，教师们相互分享自己的教学设计和见解，可以实现知识的贯通，也有利于学生化学学科核心素养的培养，提高学生对化学科学方法和思想的掌握。所以，学校应该积极组织教师们进行备课，在固定的时间一起讨论某一课时内容或知识点的教学目标、教学方法和教学过程，教师们各抒己见，进行头脑风暴，非常有利于培养学生化学学科核心素养。

教师在进行课堂教学时，总会面对不同的情况。不同的授课对象，即使是同一知识点，教师也需要使用不同的教学方法，所以教师要懂得因材施教。如果学校经常组织化学

教师相互听课，教师就可以借鉴优秀教师的处理方法，不断地积累经验，相互学习，不断创新，共同进步。不同学科的教师之间也可以相互听课，虽然讲授的知识内容不同，但备课、上课的思路和方法以及课堂管理方式是相通的，这对提升化学教师的教学能力以及综合素质具有重要的作用。

二、教师要提升自身的核心素养

（一）不断更新教学理念、转变教学观念

当今教育改革的潮流是培养学生的核心素养，学生化学学科核心素养的培养离不开一线工作的化学教师，教师教出怎样的学生由教师对化学学科核心素养的理解程度决定，作为一名化学教师必须全面透彻地理解化学学科核心素养的内涵，不断地学习新的教学理念，转变教学观念，科学地反思，要有敢于质疑和勇于创新的精神，做到终身学习以提升自身的专业素养和教学能力。

只有教师更新教学理念，转变教学观念和教学方式，才能带动学生学习方式的转变，才能有效地落实新课程改革。教师要彻底改变传统的教学观念，反思以往的师生关系，做出正确的调整，以学生为主体，建立和谐的师生关系，营造民主平等的教学氛围。在教学过程中，教师要淡化自我的权威意识，以学生为中心，引导学生自由交流、相互探讨、科学探究学习。教师还应该正确地用发展的眼光去看待学生，正视学生的差异性，尊重学生的个性发展，关心每一位学生，不抛弃不放弃任何一位学生，注重学生的全面发展，不仅要教给学生知识、科学的方法和思想，还要注重学生实践能力、科学探究和创新意识的培养，帮助学生树立科学的态度，增强学生的社会责任感和公共意识。

（二）提升化学教师的专业素养

化学教师是化学教学的组织者、实施者，是根据教学目标进行教学过程的执行者，是培养学生化学学科核心素养的实践者，培养学生化学学科核心素养的基本保障是教师自身必须具备相关的专业素养。教师应该努力提升自身的专业素养，可以从教学设计、课堂教学、课后评价与反思三方面进行。首先教师应该加强对化学学科核心素养内涵的理解和学习，深刻体会化学学科核心素养的理念，并且将该理念合理地融入自己的教学设计中。其次，教师要尽可能的充分利用现有的化学教学资源，努力探索出学生化学学科核心素养培养的教学策略，提出科学有效的方法，在化学课堂教学实践中，帮助学生形成化学学

科的思想和方法，培养学生发现问题及解决问题的能力，激励学生勇于创新，逐渐形成良好的化学学科核心素养。最后对学生在化学课堂中所形成的核心素养做出客观、公正的评价，正视教学策略的优点和不足，并提出改进意见，同时教师还应该不断进行自我反思，对自身专业素养、教学设计、课堂教学中的优点和缺点进行评价和反思。

（三）重视课堂教学的设计能力

学生在整个教育教学环节占据着极其重要的地位，不同学生的认知水平、学习和接受知识的能力有差异，但化学课堂却把他们聚到一个班级通过同样的教材进行教授，这样就无法照顾到全部的学生。在核心素养背景下，教师应该在进行课堂教学之前初步了解学生已有的知识经验和认知水平，围绕化学学科核心素养，制定出适合全体学生的教学设计。教师的教学设计应该明确地提出学生在课堂上要进行的学习活动，并且设计的学习活动应该具有一定的科学性和可行性，主张让学生自主探究学习。教师的教学设计并不是随意制定的，在制定教学设计时，教师要尽可能地抓住主线，将主线贯穿于整个教学设计，学生依照老师提供的线索慢慢地挖掘学习。化学学科核心素养体现在化学课堂教学的每一个环节，在这种思想的熏陶下，课堂会变得更加活跃、生动和有趣，也极大地提高了学生学习化学的兴趣。在教学过程中，老师要很好地融入学生中，为培养学生的化学学科核心素养奠定基础。

（四）改进教学方法

教学方法指教师将知识、思想、方法、态度、精神等内容传授给学生的手段或方式。教学方法包括：教师教学的方法和学生学习的方法。新课程倡导的教学方法主要有自主合作和探究式教学。第一，改变传统的接受式学习，让学生自主学习，体现学生的主体性，在学生学习过程中，激发学生学习的积极性，培养他们学习化学的兴趣，从而提高教学的效率和品质。第二，加强学生之间的合作学习，增强学生的团体意识和合作精神。可以采用小组合作、分组讨论、相互交流的方式，通过学生之间相互合作交流，产生思想的碰撞，能够提升学生思维的主动性、积极性和敏捷性，同时还可以提高学生的语言表达能力。第三，培养学生的科学探究能力，以创设教学问题情境或以"问题链"的形式，对化学课堂教学进行针对性地导入。不但能激发学生的求知欲望，让学生积极主动地投入化学课堂学习，而且还有利于激励学生不断地探索和创新，培养学生的科学探究和创新意识。

（五）注重化学实验，发展学生科学探究能力

化学是一门以实验为基础的学科，化学实验对培养学生化学学科核心素养有着不可替代的作用，化学实验的内容设置体现了其探究性和应用性。化学实验可以激发学生学习化学的兴趣，利用化学实验创设生动有趣的教学情境，能够有效地落实三维目标，培养学生的观察与思维能力，帮助学生掌握科学的学习方法，理解化学概念，培养科学态度。学生学习化学和开展实验探究活动需要熟练的化学实验基本技能以及敏锐的观察力和洞察力，通过实验可以培养学生判断、分析、推理和归纳整理的能力。

教师应结束"讲实验，背实验"的化学课堂，认识和理解化学实验的教学功能，积极组织学生参与课程要求的化学必做实验，引导学生正确地看待实验。教师还应努力提升自己的实验操作技能和教学水平，尝试改进教材上的实验，以便学生顺利安全地进行实验探究活动，尽可能地将验证性实验转变成探究性实验，培养学生实验探究的能力。

教师要给学生独立思考和自主探究的空间，让学生自己分析和动手解决问题。要引导学生理解实验原理，书写操作步骤，独立完成实验操作、观察实验现象、记录并分析处理实验数据、得出结论。教师要充分利用所在学校的实际教学条件，创造性地开展演示实验和学生实验。当学校条件有限或实验有安全隐患时，教师应认真地反思教材实验缺陷，善于创新，改进实验，给学生创造微型教具或实验。通过开发一些与实际生活相关的应用型实验，如水果电池、家用自制漂白粉，尽量把化学知识运用于生活中，使学生亲身感受化学实验的实用价值。

（六）创设真实、理论联系实际的情境

通过联系学生生活进行化学教学，根据学生已有知识以及生活经验，创设真实、有趣、生动的教学情境。将生活中的化学和教材内容有效地结合起来，使教学内容、教学情境生活化，让学生体会和理解化学学习的意义，激发学生学习化学的积极性，提高课堂教学效果，促进学生形成化学学科核心素养。

例如：

（1）在"硫及其氧化物"的教学中：提出"草帽经过一个夏天之后为什么会变黄？"引出二氧化硫的性质；通过空气质量报告、特别白的银耳等进行环境及食品安全教育。通过二氧化硫性质的学习，学生可以解释"为什么黑心商贩会用二氧化硫来熏干银耳和贡菊？"以及"如何及在超市或菜市场购买安全的银耳？"等问题。

（2）在"铝的重要化合物"的教学中：通过生活中的铝制用具比铁制用具更不容易

生锈、更耐腐蚀，引出三氧化二铝的结构和性质；通过明矾净水的原理学习其性质及用途；分析胃药中复方氢氧化铝的成分及能治疗胃病的原因。

（七）采用多样化的化学评价方式

改变以往只将学生考试成绩作为评价学生的唯一标准的观念，树立以化学学科核心素养为目标的观念，结合过程性评价和结果性评价，合理使用活动表现、纸笔测试及档案袋评价，采用多元化、多样化的评价方式，倡导教师评价和学生自评、互评结合的方式，对学生进行科学的评价，充分发挥教学评价的促进功能，发展学生的化学学科核心素养。教师还可以采用化学日常学习评价，如通过课堂提问和点评、课堂练习和课后作业、单元与模块复习和考试等方式进行评价。

三、学生要善于从生活中提升自己

化学与我们的生活息息相关，生活中处处蕴含着化学，化学可以帮助我们解决很多的实际问题，因为有了化学，我们的生活才会如此的多姿多彩、美好无暇。化学在日常生活中的用途十分的广泛，作为学生，应该在平常的生活中善于留意自己身边的事物，尝试着用自己已掌握的化学知识和经验去解释它们，养成善于观察、善于发现、善于思考的习惯。此外，学生还应积极关注社会上与化学有关的热点问题，并积极参与到一些与化学相关的社会实践中去，增强自己的社会责任感，慢慢地形成自身的化学学科核心素养。

第三章

高中化学教学设计以及实施

第一节　高中化学教学设计概述

一、化学课堂教学设计的含义

化学课堂教学设计是化学教师为有效地完成课堂教学任务而进行的教学规划，主要包括化学课堂教学目标的设计、化学教学活动的设计、化学教学策略的设计、化学教学实验的设计、化学教学媒体的设计以及化学教学效果评价的设计等。

按照教学设计的定义，化学课堂教学设计应该是以教学论、教育心理学和传播学理论为基础，用系统科学的观点和方法，来分析化学课堂教学任务，确定化学课堂教学目标，选择化学教学活动、化学教学策略、化学教学媒体以及评价化学教学结果的方法等。因此，化学课堂教学设计主要体现在对化学课堂教学目标、教学活动、教学策略、教学媒体和教学评价等对象的选取上。由于化学课堂教学是化学教学最基本的形式，故化学教师要针对化学课堂教学设计的主要对象，精心设计课堂教学的每一环节，以便获得最佳的教学效果。

化学课堂教学设计的基本环节如图 3-1 所示，其过程可以表述为化学教师以系统科学的观点和方法为依据，在研究学生身心及相关理论的基础上，根据化学课堂教学的目的和要求，确定具体的教学活动、相应的教学策略，选择需要的教学资源，安排教学程序和方法，按照教学内容选择教学媒体、有效地传递和转换教学信息，通过反馈调节，评价教学效果等一系列的教学环节，使化学课堂教学效果达到最优化。

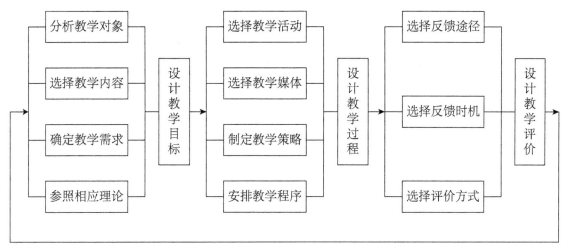

图 3-1 化学课堂教学设计的基本环节

综上所述，化学课堂教学设计是化学教师为达到预期的化学教学目标而对教学活动进行系统规划、安排、决策的过程，是优化课堂教学程序、提高课堂教学效率、落实素质教育的重要环节。

二、化学课堂教学设计的基本要求

化学课堂教学设计的基本要求主要体现在对化学课堂教学现状的了解、教学目标的确定、教学过程的安排和教学反馈信息的获取与评价等方面。

（一）充分了解教学现状

化学课堂教学起点的选择是很重要的，它直接关系到化学课堂教学效果的优劣，而恰当的课堂教学起点的确定有赖于对化学教学现状的充分了解。化学教学现状包括学生的认知水平状况、学习态度和背景知识状况；教材内容深浅、范围状况；可以参照的教育心理学和传播理论的状况等。只有认真分析学生的情况，了解他们在化学方面的一般特征和初始能力，掌握化学教材内容的难易和范围信息以及相应的教育心理学及传播理论的基本原理，才能做到心中有数、因材施教，这些是做好化学课堂教学设计的基础。

（二）确定适度的教学目标

化学课堂教学目标是师生通过教与学的活动所需要实现的学生行为的变化（涉及认知、技能、情感、态度、品格等各方面）。这种行为变化以教学完成时学生应达到的学习水平为标志。通常，化学课堂教学目标可以用课堂教学活动中的可观察、可测定的行为术语精确地表达出来，要指明学习者应该掌握哪些知识和技能，培养何种态度和情感。同时，也要尽可能地表明学习者内部心理的变化。由于化学课堂教学目标是化学课堂教学的出发点和归宿，因此化学教学目标的设计，是完成整个化学课堂教学设计的重要任务。在确立化学课堂教学目标时，既要考虑到课堂教学的需要，又要考虑到实际实现的可能，既要考虑到近期要求，又要考虑到长远要求，还要注意到目标的层次性和阶段性。只有确定适度的化学课堂教学目标，才能使其切合教学双方的实际，真正起到对化学课堂教学的定向、激励和评价的作用。

（三）有效安排教学过程

化学课堂教学过程是为达到化学课堂教学设计目标所采用的各种教学手段与途径的配合与展开。安排化学教学过程是在针对特定的化学课堂教学目标所采用的教学活动、教学策略和教学媒体等的选择与使用上的总体考虑。化学课堂教学过程的安排，要兼顾控制和协调、教和学的各种因素，因而它有全局性、联系性和动态性的特点。化学课堂教学过程中任何一个环节出现问题，必将影响化学课堂教学的整体效果。因此，在安排化学课堂教学过程时，教师既要能审时度势，把握全局，又要能灵活变通，统筹规划，照顾个别，自始至终贯彻"教为学服务"的思想，最大限度地调动学生参与的积极性、思考的积极性和学习的主动性，以取得最佳教学效果。

（四）及时利用反馈信息

在化学课堂教学过程中，师生之间的相互作用、相互影响和相互制约，发生在教与学的活动中，也就是化学信息的传输和反馈控制之中。因为化学信息（知识）通常以静态形式存储，教师只有通过一定的教学手段，把信息转换成传输状态，才能为学生所接收，只有随着化学教学进程的反馈控制及随时调整不断进行，才能使化学课堂教学达到预期的教学目标。既然化学课堂教学的功能是通过化学信息的传输和反馈控制来实现的，化学教师就应该及时利用反馈信息形成化学课堂教学评价、完成对化学课堂教学的正确调控，这是化学课堂教学设计的基本要求。关于教学评价设计的各种形式，包括诊断性评价、形成性评价、终结性评价的设计，都应该为了解化学课堂教学目标是否实现、实现程度如何而服务，并作为随时调整化学课堂教学的依据。

三、化学课堂教学设计的原则

化学课堂教学设计原则，是进行化学课堂教学设计所依据的准则。要确立正确的课堂教学原则，必须认真探求这一原则确立的依据。只有真正把握确立课堂教学设计原则的本质依据、理论依据和指向依据，才能在全面、系统的课堂教学设计中找到正确的方向。

（1）化学课堂教学设计原则确立的本质依据。探究化学课堂教学设计原则，应首先明确这一原则具有的本质规定性。化学课堂教学设计原则是反映化学教学设计规律、指导化学教学设计活动的法则和标准。这种本质的规定性确定了化学课堂教学设计原则建立的原始动因，是要将围绕化学课堂教学设计的一切活动都规范在以化学课堂教学能够有效进行为中心的范畴之中。

（2）化学课堂教学设计原则确立的理论依据。化学课堂教学设计所依据的理论是系统科学和教育心理学在教学领域中的具体应用。因此，确立课堂教学设计原则，必须遵循系统科学和教育心理学的基本原理和方法。课堂教学设计本身就是一个完整的系统，作为其本质的课堂教学设计原则，应该反映教学设计系统的整体性这一显著特点。只有反映这一特点、遵循教育心理学规律的原则，才会对教学设计产生普遍的指导意义。

（3）化学课堂教学设计原则确立的指向依据。按照事物存在的客观性和联系性，要正确地确立化学课堂教学设计原则，应该把握其适用对象及范围，这样所确立的原则才会有明确的指向。化学课堂教学设计的原则是在化学课堂教学设计的实践中应运而生的，又反过来成为化学课堂教学设计的准则和依据。因此，能够针对课堂教学的对象和范围进行化学课堂教学设计实践，是构成化学课堂教学设计原则的重要依据。应该看到，化学课堂教学设计原则既适用于化学课堂教学的整体设计，也适用于其整体设计中的部分设计，对化学课堂教学设计各基本要素都具有指导作用，并且对各要素相互关系也具有规范和协调功能，始终能把多种要素紧固成一个有机的整体。为了保证化学课堂教学设计的系统性、科学性和一致性，既遵循化学课堂教学的规律，又符合学生的学习特点，化学课堂教学设计应遵循下列原则。

（一）目标性和可行性相统一原则

由于化学课堂教学设计是在教师熟悉化学教学大纲、把握化学教材内容及各个知识点的基础上，得出的化学课堂教学的具体目标要求，所以每堂化学课的教学活动，都应该围绕所设计的化学课堂教学目标而开展，以便完成化学课堂教学任务。课堂教学目标，不仅要考虑知识、能力达到的程度，还要加强思想品德的教育和非智力因素的培养，努力使学生在知识、能力、思想、心理等各方面都得到全面协调的发展。然而，化学课堂教学设计是依据有关教学理论对化学教学实践所做的规划，这种规划要成为现实，至少必须具备两个可行性条件：一是要符合主客观条件，如主观条件应考虑学生的年龄特点、认知水平、知识结构和师资水平，客观条件应考虑教学设备、地区差异等诸多因素；二是要具有操作性。只有当这两个基本条件都具备，化学课堂教学设计方案的实施才能达到预期目的，使课堂教学设计对教师和学生来讲都是行之有效的。因此，化学课堂教学设计要遵循目标性和可行性相统一的原则。

（二）系统性和针对性相结合原则

化学课堂教学设计是一项系统工程，它由化学课堂教学目标设计、教学活动设计、教学策略设计、教学媒体设计和教学评价设计等子系统所组成，各子系统既相对独立，又相互制约，共同组成一个有机的整体。各个子系统的功能并不是等价的，其中教学目标设计就对其他子系统有制约作用，因为确立适当的教学目标才能使整个教学设计系统纲举目张。因此，这些设计应立足于整体，使每个子系统协调存在于整个教学设计系统中，以便最终达到课堂教学系统的整体优化。进行化学课堂教学设计，应遵循系统论的观点，统筹兼顾各个子系统，只有将各个子系统和谐地统一在总体之中，才能算是成功的设计。

（三）整体性和集中性相协调原则

化学课堂教学设计应注意整体性，即化学教师应把握化学知识结构体系，认真分析每节课中的知识在整个知识体系中的地位和作用，找出这一课内容的铺垫知识是什么，新旧知识的连接点是什么，后续知识是什么，尽量使知识结构整体呈现。化学课堂教学设计应注意集中性，即课堂教学的时限性和教学信息的多维性要求教学内容要集中，教师在钻研教材的基础上，要把握教学内容中重点的、主要的、本质的东西，把有限的教学时间集中在最核心的教学任务上。这就要求化学教师在设计化学课堂教学时，既要照顾到知识传授和能力培养在空间上的整体性，又要照顾到它们在时间上的集中性，协调好整体性和集中性之间的关系。

（四）理论性和实践性相依存原则

化学课堂教学设计要以先进的、科学的和可靠的教育心理理论、传播科学理论为基础，制定出切实可行的操作步骤和实践方案。没有先进的、科学的和可靠的教育心理理论和传播科学理论来规范化学课堂教学实践，很难达到提高化学课堂教学质量的目的。同时，没有化学课堂教学实践，一切与之相关的理论都只能是纸上谈兵和空中楼阁。可见，化学课堂教学设计的理论性和实践性是相互依存的，在实施过程中，应该做到理论性和实践性两方面兼顾。

（五）主体性和主导性相一致原则

化学课堂教学设计应始终坚持以学生为主体，以教师为主导的思想，要体现出教师对学生思想的启发性。教师要以学生为学习的主体，始终把启发思想贯穿于教学设计的整个过程，要求学生独立思考，提高学生分析问题和解决问题的能力。表现在学法设计上，要体现出教师对学生学习的指导性。教师不仅要把学生当作教育对象，还要当作研究对象，研究学生的学习规律，指导学生掌握化学课堂教学所传递的信息的方法，掌握预习、听课、做笔记、做作业、做总结等的方法以及掌握自我心理调节方法等。

（六）传统教学手段和现代教学手段相结合原则

传统化学课堂教学手段与现代化学课堂教学手段相结合是指两种手段的优化组合。如利用黑板这一传统教学手段精心设计的板书，其本身就是课堂教学的纲要和轮廓，它能突出教材的重点、难点和关键，帮助学生厘清教材的脉络，打开学生的思路，而且便于学生记笔记，为课后复习提供条件；而采用投影这一现代教学手段做教学演示，在揭示和阐明教学中的重点和难点方面，为教师和学生提供了更加充裕的时间，便于教师讲解、学生观察和分析思考；录像这一现代教学手段，则以其声形并茂的特点，将所讲的对象，在大与小、快与慢、虚与实之间互相转化，使教学内容涉及的事物、现象、过程全部再现于课堂；至于多媒体教学手段的应用，其突出优点更是不言而喻。总之，传统教学手段与现代教学手段结合在一起后，能发挥出更好的教学效果。

（七）适时、适度评价和反馈原则

化学课堂教学所设计的评价要做到适时是指要把握好评价的时机。诊断性评价一般安排在课堂教学前进行，借助上节课形成性评价和终结性评价的结果，使教学设计方案更加趋于合理和恰当；形成性评价一般在课堂教学中进行；终结性评价一般在课堂教学后进行。化学课堂教学设计的评价要做到适度是指要把握好评价的分寸。因为学生之间的个性差异是客观存在的，他们的知识基础、认识能力、意识倾向、兴趣爱好、学习态度都不尽相同，教师应根据学生不同的情况确定不同层次的评价标准，对涉及教学目标的各个领域和层次进行评价。这可以由教师、学生共同来实施，通过目标测试题、作业练习、谈话或者提问来考察。当然，对要达到的课堂教学目的和要求应该指向明确，对识记、理解、运用、分析、归纳、综合等行为要求要有具体的检测内容和明确的评定标准和依据，具备可测性。同时，要将评价结果适时、适度地反馈给学生。当学生在学习上取得新的成绩时应给予肯定的评价，让学生体验成功的欢乐；当学生学习上遇到挫折时，应给予积极的鼓励，对他们非智力因素方面的优点进行评价，增强他们学习的信心。

第二节　高中化学教学设计内容

参照化学课堂教学设计的基本环节，化学课堂教学设计的内容可被划分成三个部分：化学课堂教学目标设计、化学课堂教学过程设计和化学课堂教学评价设计，如表 3-1 所示。

从表 3-1 中可以看出，化学课堂教学设计的内容主要包括：课堂教学目标设计（教学对象分析、教学内容分析、教学目标制定）、课堂教学过程设计（教学结构、教学策略、教学媒体、教学活动）、课堂教学评价设计（诊断性评价、形成性评价和终结性评价）。这"教学三部曲"既体现出"教什么、学什么""如何教、如何学""教得怎样、学得如何"，也表现出化学课堂教学设计在化学理论知识传授与实际技能培养上的兼顾。化学课堂教学设计重点是能使学生在经过系统、科学设计的课堂教学过程中，有效地获取化学知识，尽快地形成化学技能，以取得化学课堂教学的最优效果。

表 3-1　化学课堂教学设计的内容和作用

化学课堂 教学设计	化学课堂 教学目标设计	化学课堂 教学过程设计	化学课堂 教学评价设计
内容	教学对象分析 教学内容分析 教学目标制定	教学结构 教学策略 教学媒体 教学活动	诊断性评价 形成性评价 终结性评价
作用	教师：便于领会教材，设计教案，选择教学模式、方法，确定测验要求，指导学生更好地学习 学生：激发学习动力	使教学信息的传递与转换、储存与加工均按照教学目标和学生的实际水平进行，不仅完成教学任务，而且提高教学效率	判断教学效果达标程度、教学方式的有效性以及学生的学习情况，不断发现教学活动中的不足，以便及时补救

一、化学教学目标设计

（一）化学教学目标概述

化学教学目标是指化学教学活动主体预先确定的、在具体化学教学活动中所要达到的教学结果。

（二）化学教学目标的功能

1. 指向功能

化学教学目标是化学教学活动的预期结果，它指引着化学教学活动的方向，规定着化学教学活动的进程，在一定意义上制约着化学教学设计的方向。如果缺乏清晰的教学目标，化学教学将会失去方向。一般说来，若化学教学目标指向正确，则可取得正向教学效果；化学教学目标指向错误，则只能取得负向教学效果。因此，教师应该把确定正确、合理的教学目标作为教学设计的首要环节。

2. 依据功能

化学教学目标可以为分析化学教材及设计学生行为提供依据。化学教师一方面根据教育和教学的一般目的确定化学学科中各单元和各课时的教学目标，另一方面又根据这些教学目标设计化学教学活动。化学教学目标不仅制约着化学教学设计的方针，而且决定着化学教学的具体步骤、方法和组织形式。因此，它不仅是化学教学活动的科学性、整体性和连贯性的重要依据，也是化学教师对化学教学活动全过程进行自觉控制的重要依据。

3. 激励功能

适当展示化学教学目标，可以激励学生学习化学的积极性。化学教学目标是激发学生学习化学动机的诱因，在化学教学开始前，就向学生明确地展示具体的化学教学目标，能激发学生对学习新内容的兴趣和达到学习目标的欲望，从而调动学生学习化学的积极性和主动性。当学生充分了解了他们预期所要取得的学习成果时，他们就会明确成就的性质，进行目标清晰的成就活动，对自己的行为结果做成就归因，并最终获得成功的喜悦，使教学目标产生出应有的激励功能。但化学目标激励功能的发挥，也取决于其价值是否被学生认同，以及其难易程度是否适中。因此，化学教师编制和展示化学教学目标时要尽量注意二者兼顾，以保证化学教学目标发挥出激励学生学习的最大功能。

4. 描述功能

化学教学目标通过描述学生具体的行为表现，为化学教学评价提供科学的参照。传统的化学教学大纲所提出的化学教学目标往往含糊其词，使化学教师无法准确地把握客观、具体的评价标准，作出评价选择的随意性很大，教学中关于能力和个性特征等高层次的目标既无法落实也无法评价。因此，在化学学科各单元和各课时的教学中，要充分发挥化学教学目标的描述功能，全面、具体和形象地描述学生的行为表现，以保障化学教学有章可循、测评有信度和效度及试题有难度和区分度，使化学教学评价有科学的参照。

5. 评价功能

化学教师编制的化学教学目标，既是化学教学活动的指南，也是测评化学教学效果的尺度。化学教学效果的检测和评价，是围绕化学教学目标展开的。教学双方在化学教学中是否发挥了应有的作用，教学效果是否达到或在何种程度上达到了既定目标，都是化学教学评价所关注的主要内容。当然，化学教学目标只有确定得比较合理，才能减少其评价的偏差，使测评的信度、效度和区分度都较高。化学教学目标评价功能的发挥，一方面为化学教学效果的检测和评价提供了尺度，另一方面也为化学教学目标的编制和修订做出了反馈。在化学教学过程中，化学教师应根据教学评价的结果不断地调整教学的方式方法，有了明确的化学教学目标就可以以此为标准，在化学教学过程中充分发挥评价和反馈的作用，从而提高化学教学质量。

二、化学课堂教学目标设计

（一）化学课堂教学目标

化学课堂教学目标是指课堂教学活动为学生预先确定的、在具体教学活动中所要达到的课堂教学结果。化学课堂教学目标主要是指化学单元目标和课时目标，这些教学目标要求以学生通过教学后应该表现出来的可见行为来描述。因此，化学课堂教学目标也称化学课堂教学行为目标。

化学课堂教学目标，是整个化学课堂教学活动的指导思想、出发点和归宿，也是检查和评价课堂教学效果的依据。化学课堂教学效果的优劣，是通过化学教学结果与化学教学目标的比较来进行鉴别的。化学课堂教学目标与教学目的的区别在于：教学目标不仅是教学过程结束时所要达到的结果，或教学活动预期达到的结果，而且具有学生行为上的可见性和可测性，教学目标比教学目的更具体、更实际。

（二）化学课堂教学目标设计的要求

由于化学课堂教学目标是保证化学教学活动取得成功的必不可少的环节，故在进行化学课堂教学目标设计时，要使所制定的教学目标明确而又切实可行，应该注意以下几点。

1. 用可观察的具体行为表述教学目标

化学课堂教学设计中的教学目标要做到明确、详细，就应该采用可观察的具体行为来表述教学目标。一般认为好的化学课堂教学目标要包括三个方面的内容：有确定的、可以作为成绩证据的行为表述；有确定行为的必要条件的表述；有确定行为合格的标准表述。

2. 使教学目标具有一定的层次和分类

按照现代教育理论的观点，教学目标应有认知、动作技能和情感三个大的分类，认知领域的教学目标应有感知、理解和掌握三个大的层次。我国的课程目标则包括"知识与技能""过程与方法""情感态度与价值观"三个方面，同时，应具有远期的学习目标，否则，学习就会缺乏统一的指导、努力的方向和持久的动力。但只有远期目标还不够，还必须有力所能及的中期目标，不然，学习者就会感到那些远期目标过于空泛、渺茫，就会失去努力学习的热情。此外，还应具有可操作性的近期目标，因为没有近期目标，远期目标、中期目标就会失去依托成为空中楼阁。

3. 充分考虑教学目标实现的可能性

学习目标能否发挥应有的作用，还要看目标的难易度是否适当。当学习目标定得过高、过难时，学习者就会感到可望而不可即，或力不从心，导致望而却步、退缩不前；一个过低、过易的学习目标又会使学习者感到"没劲"，缺乏刺激性、挑战性，从而视若无睹，不能引起强烈的学习动机和兴趣。只有学习目标的高低、难易适度，才能对学习者起到激励和导向作用。

4. 把教学目标的设计和教学评价联系起来

教学目标确立后并不意味着就固定不变了，可根据教学评价的实际情况灵活调整。因为学习活动是一个动态过程，在学习过程中，当学习者感到难易度适当，掌握情况较好，取得成功时，会产生愉悦的情绪体验和较高的自我效能感，对自己的学习能力充满信心，能够精神饱满、积极主动地克服各种困难，圆满地实现既定目标。这证明制订的目标是科学的，应该坚持下去。而当学习失败时，学习者就会感到困惑、焦虑，自我效能感降低，学习无力感增强，从而以消极、被动的方式对待学习。这表明现有的学习目标是不适当的，应及时修正或调整。

（三）化学课堂教学目标设计的步骤

化学课堂教学目标设计应该考虑到顺序性和整体性，大致遵循以下设计步骤。

1. 钻研课程标准，分析教材内容

化学课程标准是以纲要形式编定的有关化学教学内容及进程的指导性文件，它规定化学教学目的、教学任务、教学内容的知识范围、教学时间分配以及教学方法上的要求；化学教材是化学课程标准的具体贯彻和体现，是教师进行教学的根据。化学课堂教学目标的设计必须立足于对标准的认真钻研，要在课程标准的指导下，分析教材深刻领会教材内容，做到从整体上把握化学课程的基本结构，厘清化学知识体系。对于课堂教学内容必须彻底理解和消化，如对教材中出现的用语、符号以及插图、实验、习题等都必须认真研究和推敲。通过分析、研究将要采用的教学内容，找出其中的基本概念、基本原理和基本方法，确定教学的重点和难点，为建立化学课堂教学目标打下良好的基础。

2. 了解学生已有的学习状态

化学课堂教学是以学生为主体的过程，掌握化学知识的过程是学生的智力活动过程。学生认知水平的提高不仅要借助于他们已有的化学知识体系，而且要借助于他们正确的思维方式方法。教学目标的制定要以学生的特点和已有的学习准备为基础，教给学生不懂或还不够懂的东西。学生已经具备的学习基础，是教学目标确定必须考虑的前提条件。只有充分了解学生的知识水平、能力大小、智力高低、思维特点、学习态度、学习方法和兴趣爱好等，才能根据学生的实际情况进行分析，通过掌握的教学深度、广度和难度，灵活地组织教材，选择恰当的教学方法，充分调动起学生的学习积极性。当然，化学课堂教学目标不仅应该建立在学生已有的学习准备的基础上，而且应该建立在经过适当的努力能够达到的目标基础上。对群体教学而言，学生普遍具有的学习准备和一些共同心理特征是在确定化学教学目标时应考虑的主要方面。同时，化学课堂教学目标设计应充分考虑到学生的个体差异，制订相应的发展目标，使每个学生都得到充分发展。

3. 分类制定教学目标

在深刻领会课程标准、教材内容和了解学生实际的基础上，为使化学课堂教学目标在实际制定时具有可操作性，还应该对教学目标进行适当的分类。从不同角度和标准出发，可以对化学课堂教学目标进行不同的归类。首先要列出各类综合型目标，如培养学生

对化学学科的兴趣，提高学生观察化学实验的能力等。综合性目标反映了对教学的一般要求，但往往比较笼统，难以实际执行、直接观察和测评。因此，在列出综合型目标后，还必须对它们进一步分解，使之成为可操作、可评价的具体行为目标，利用能够引起具体行为的术语，列出一系列能够反映具体学习结果的教学目标，解释每个综合性目标。当然，这些具体的行为目标是可以实际执行、直接观察和测评的，它们具体表达了化学课堂教学目标的要求。但注意这些教学目标的切实可行，不能降低课程标准规定的要求。实施目标分类的主要目的是提高目标在教学中的清晰度和可操作性，有利于教师更好地依据目标指导教学和评价教学。布卢姆及其同事们对教学目标的分类所做的系统研究，在国内外教学目标分类领域影响较大，具有一定的合理性，在确定教学目标时可做参考。

三、化学教学活动设计

（一）化学教学活动设计的要求

化学教学活动是化学教师传授化学知识与学生接受化学知识两方面活动的总称。它包括教师的施教活动、学生的学习活动和师生构建课堂人际关系的活动等。化学教学活动是教师进行教学的具体过程，是学生知识结构和心理结构的构建过程，是化学教学设计的关键环节，关系着化学教学目标能否实现、教学任务能否完成以及两者实现和完成的程度、质量和效率。

化学教学活动设计是依据化学教学目标及化学教材内容构建新的化学知识和心理结构，使学生原有的知识和心理状态向化学教学目标所要求的状态发生改变的规划过程。在进行化学教学活动设计时，应注意以下几点。

1. 协调师生活动

注意学习活动的设计以及教与学的协调。教师应该在深入了解学生的基础上做心理角色置换，设身处地地为学生着想，审视教学活动设计并做出相应的调整。教师是化学教学活动中教的主体，学生是化学教学活动中学的主体。教学活动设计中不主动安排协调师生的活动，会使教学活动变成单方面的施教活动，导致施教活动与学习活动不能系统开展而影响教学效果。因此，应在进行化学教学活动设计时，充分认识和体现学生在学习中的主体性，发挥教学双方的主动性、积极性和重要性。教的主动性应该体现在主动认识和探讨学生学习的规律性，深入了解学生状况，努力引导学生主动和积极地学习。学的主动性应体现在既不是被动地参与也不是无理由地盲目接受，而是在接受指导和掌握学习规律的过程中，逐步进行自我调控。

2. 科学性和艺术性的统一

化学教学活动的科学性主要表现在自觉地运用教学规律做指导、遵循化学的科学规律和化学教学的原则。教学活动的艺术性主要表现在教学活动的和谐性、巧妙性和新颖性，能通过有限的活动及其内容完成多项教学任务，达到多项教学目标，能激起学生积极的情感共鸣，产生美的感受、得到美的满足。所设计的化学教学活动既要以科学性为前提，以化学教学规律为基础，又要按照美的规律设计教学活动，积极地进行教学艺术创作，使化学教学活动生动活泼、富于审美情趣，又不失其严密的逻辑性和系统性。

3. 建立工作规范

根据化学教学活动的具体规律，建立相应的工作规范。例如：在设计教学的讲授活动时，要考虑学生此时是以听为主，还是以思考为主，或以笔记为主；如何使学生听得清楚，有兴趣听、愿意听，能保持注意、不易疲劳；如何引导学生的思维活动，使他们顺利地理解教学内容及其结构并掌握重点；如何使学生产生预期的情感，达到情感教育的目的；如何用板书、表情、手势和其他辅助行为配合，增强讲授的效果；如何有利于学生记笔记，指导他们协调各种思维活动；如何根据学生可能的信息反馈进行机动的应变调整；如何引导学生进行探究活动；等等。根据对这些教学具体活动的考虑，建立一系列的设计工作规范，以使整个化学教学活动设计规范化。

4. 注意活动的适度多样性

化学教学活动是多类型、多层次活动的组合，为了完成特定的化学教学任务，可以采取多种不同的活动方式。教学活动的多样化不但能使学生始终保持兴趣和热情，而且能提高学习的效率，陶冶情操，促进智力和心理能力协调发展。但是，教学活动种类过于复杂、更换过于频繁，也会增加学生学习的难度，使他们过早地感到疲劳，注意力分散而影响学习效率。教师在设计化学教学活动时，要从教学内容的实际需要、学习者的心理特点和智力的发展水平出发，处理好教学活动的多样性和适度性的关系。

5. 突出化学学科特点

作为化学学科的教学活动，化学教学活动应该突出化学学科特点，把握化学学科中固有的认识规律和教学规律。化学教师要具体、细致地了解化学认识过程、化学知识体系和化学科学规律，包括注意化学语言和化学科学方法的应用，注意化学思维活动、化学实验活动的开展以及它们的相互配合，使所设计的化学教学活动始终具有化学学科的鲜明特点，为化学教学的各种既定目标服务。

6. 注重工作的实际效果

化学教学活动设计是对在教学过程中将要进行的具体活动的预先构想，比教学策略更具体。化学教学活动设计要特别注意从实际出发，讲求实效，从教学经验的积累和概括化过程中提取出优秀范例，与教学实际紧密结合。同时，化学教学活动总是需要一定的外部条件，总是在一定的环境中进行，要注意这些条件与环境的协调，在涉及化学教学活动时要充分利用环境中的积极因素和有利条件来设计化学教学，使所做工作产生实际的效果。

（二）化学教学活动设计的步骤

1. 明确化学教学活动的要素

与一般活动的要素一致，化学教学活动同样具有自己的主体、客体和媒体，自己的内容、形式和结构，以及自己的目的、过程和结果。化学教师在进行化学教学活动设计时，首先就要明确化学教学活动的各个要素。

化学教学活动中存在着复杂的主客体关系。从教师的教学来看，教师是教育者，作用于受教育者，教师是主体。从学生的学习来看，学生是通过教师、教材来认识世界，因而学生是主体，教师是客体。因此，教学活动中的主客体关系，是双主体并存，且互为客体。教师这个主体的特征是"主导"作用，要起到"主导"作用，必然要对主导的对象——学生（此时是客体）有一个全面、深刻的了解；学生这个主体的特征是"主动"作用，主动便是充分发挥自身的积极性，参与教学活动，其"主动"作用在很大程度上是教师"导"出来的（此时教师充当了学生这个主体认识的客观对象）。除此之外，双主体有着共同的认识客体，即教学环境中的一些因素，包括物理环境、教材内容、辅助材料和教学工具等因素。

教师发挥主体作用，应该对化学教材、教学媒体，特别是其主导作用的对象——学生有全面深刻的理解，从而扎实地参与到化学教学当中；学生发挥主体作用，应该对化学教材等因素有一定程度的认识，为了达到与教师沟通的目的，应该把接受教学后的反馈信息传递给教师，从而实实在在地参与到教学之中。

化学教学活动的主要内容为化学教学活动的情景设置，学生学习化学兴趣的形成与激发，化学课程的进程展开，化学教学材料的呈现，学生感知、理解和记忆等思维活动的进行与引导，学生情感体验和行为习惯的形成，学生学习内容的整合和巩固，练习、测评和反馈等。化学教学活动一般表现为教师的讲授、提问、演示等配合学生的听讲、答问、观察等，学生的思考、练习、讨论等配合教师的质疑、讲评、答疑等。化学教学活动的组织形式为课堂教学，辅以课外活动、个别辅导、家庭作业等。化学教学活动的目的是向学生传授现代化学知识，培养学生的化学思维和化学能力，构建学生的化学知识结构和心理结构，陶冶美好的情操和形成正确的行为习惯等。化学教学活动的过程应该体现出教学双方的主动性、积极性和互动性，体现出教学的程序性和多样性，其结果是要达到化学教学目标所要求的各项指标。

2. 优选化学教学方法

化学教学活动内容是进行化学能力训练的素材和载体，组织化学教学活动的内容是指围绕化学课堂教学目标考虑化学教学内容的各项安排，优选教学方法和教学媒体，进行教学过程的编制等。通常编写的化学教材内容已经具有严密的逻辑性和系统性，可以按照教材的编制顺序进行教学组织工作。也可以根据实际情况，打乱教材的原有顺序，重新安排教学内容。组织化学教材时要注意逻辑性和系统性并且要求突出重点，注意启发学生的积极性和培养学生的逻辑思维能力，注意联系学生已有知识，注意突破难点。优选化学教学方法时，应该仔细比较已有方法的优劣，优先采用那些理论与实际结合紧密的方法，注意教学媒体采用上的适时适度原则，做到既发挥教学媒体在课堂教学中的高效率，又避免过度依赖教学媒体和学生形成被动心理。

当有关化学教学活动的材料准备好以后，就可以进入化学课堂教学结构设计。按时间序列可以将课划分为课的开始、课的发展与高潮和课的结尾，这种划分适合于任何一种课型。课的开始，重要的是向学生明示一节课的学习目标和学习要求，使他们做好知识和心理上的准备。课的发展与高潮部分是一节课的核心，教学目标的完成、教学质量的高低关键在这部分，所以课的开始和课的结尾都要紧密围绕课的发展与高潮来进行。在课的结尾部分，要使学生对学到的知识加以归纳、概括，重点强化，加深理解和记忆，便于与下节课更好地衔接起来。在此过程中，可以穿插问题设计，一个有意义的问题将对提高教学效果起到事半功倍的作用。创设多种问题情境，可以极大地调动学生的学习积极性，使课堂教学高潮迭起。同时，不忽视课堂练习和作业设计以及板书设计。对于课堂练习和作业的设计，主要是考查学生对刚学过的化学知识的掌握情况，起到及时反馈、巩固所学知识的作用；而课堂教学的板书，是教师教学思维的文字表达形式，它既可以弥补语言表达的不足，又可起到形象直观的效果。

3. 编排化学教学活动顺序

编排化学教学活动顺序是化学教学活动设计的重点，其主要任务在于确定化学教学活动中工作的进程。首先要确定化学教学活动的工作步骤，其次确定各个步骤中的工作内容与方式方法，此外还要确定各个工作步骤的时间顺序。化学教学活动顺序的制定应该依据化学教学目标及化学教材，进一步确定教学活动中教学双方的工作进程，从而引导师生双方在不同的教学时间内去完成既定的教学任务。化学教学活动顺序编排的目的在于规范化学教学活动中学生心理结构的构建过程，因而化学教学活动的步骤、内容、方式、方法及顺序均要遵循所要构建的学生心理结构的本性及其形成、发展的规律。知识、技能与社会规范的接受，虽有共同的规律，但也有自身的特殊性。因此，应该结合化学学科的特点编排化学教学活动的顺序，按照其规律进行优化教学。我国教师在长期教学工作中总结出来的许多行之有效的教学经验和原则，可以在教学活动顺序的编排中加以灵活运用。例如，课堂教学环节一般认为可分为组织教学、复习后引入新课、讲授新课、巩固新课、布置作业等。在讲授新课环节中，要传授化学知识。但传授知识的目的在于使学生掌握化学科学方法和培养思维能力，故可以引入各种创造性教学的过程，使教师的创造性得以充分发挥，使同样的教学内容产生不同的教学效果。当然，化学教学活动顺序的编排要落实到具体的教案中。教案对于有化学教学经验的教师来说可以从简，也可以根据实际情况用课堂教学活动结构流程图表示。对于新教师来说，则应该十分明确地将化学教学活动的顺序详细地用文字和图表表述出来，以便在备课和教学过程中随时参考。

四、化学教学策略设计

（一）化学教学策略

1. 化学教学策略的定义

化学教学策略是化学教学设计的有机组成部分，是在特定化学教学情境中为完成化学教学目标和适应学生学习的需要而做出的教学谋划和采取的教学措施。它包括三层意思：化学教学策略从属于化学教学设计，确定和选择化学教学策略是化学教学设计的任务之一；化学教学策略的制定以特定的教学目标和教学对象为依据；化学教学策略既有观念驱动功能，又有实践操作功能。

2. 化学教学策略的层次

化学教学策略因其不同的概括程度可以被纳入不同的层次。高层次的化学教学策略是对低层次化学教学策略的概括，活动范围较大。低层次化学教学策略是高层次化学教学策略的具体化，它体现和蕴含着高层次策略，活动范围较小。

高层次化学教学策略与化学教学思想直接相关，它体现着教师对化学教学方针、教学目标以及教学理论和方法体系的认识，表现为比较概括和稳定的教学原则和活动规则。因此，可以把教学思想及其原则体系看作是最高层次的教学策略。

中层次的化学教学策略是从化学教学实践中提炼、升华所形成的教学方式，是一系列规范、概括的化学活动规则的集合，符合化学教学模式的一般特点。此时，可以把化学教学模式解释为教学策略，认为化学教学模式是为完成特定的教学目标而设计的、具有规定性的教学策略。中层次的化学教学策略是对具体教学实践的概括，但其概括程度低于化学教学思想。

低层次化学教学策略是具体的教学策略，又称为教学思路。其通用性较差，操作性、技巧性较强。在化学教学策略设计中，低层次的化学教学策略是在化学教学思想指导下，根据具体的化学教学目标、教学任务、学习起点和其他教学条件，运用化学教学模式进行教学策略设计的结果。

（二）化学教学策略的设计

1. 制约化学教学策略设计的因素

因化学教学策略包括对化学教学内容、教学过程的安排，对化学教学方法、活动形式的选择等，故进行化学教学策略设计时，就要受到这些因素的相应制约。同时，教师的教学技能、技巧、教学经验，学生已有的知识准备和认知水平都制约着化学教学策略的设计。这些因素的组合方式的复杂多变性，造成了化学教学策略设计任务的艰巨性。

2. 有效的化学教学策略设计

有效的化学教学策略既能完成化学教学目标，又能保持和增强学生的学习积极性。因制约化学教学策略设计的因素既来自化学教学本身，也来自教师和学生，故有效的化学教学策略的设计主要依据教师对化学教学目标的正确掌握，对学生情况的充分了解和对教学理论、方法、技能和技巧的熟练运用。

3. 化学教学策略的设计要求

化学教学策略设计要求具有以下特点。

（1）对化学教学的指向性。所设计的化学教学策略应该组织一定的教学行为，指向特定的化学教学目标和教学活动。在化学教学过程中，首先要确定教学目标，然后选择适合的教学策略，通过一定的教学方法进行教学活动，以便最终达到教学目标。化学教学策略与化学教学方法联系紧密，它支配着教学方法的选择，以达到教学目标。

（2）结构功能的整合性。所设计的化学教学策略应该具有结构功能上的整合性。在选择和制订化学教学策略时，要体现教学策略构成的组合特征，要求教师针对具体的教学需求和条件，对影响教学策略构成的教学内容、方法、步骤、媒体和组织形式等要素加以综合考虑，组成符合教学目的要求的最佳教学行为。同时，有效教学策略应该由具体教学方式、措施优化组合，合理组建，使多种化学教学策略能够协调作用，发挥出整体优势。

（3）教学策略的可操作性。所设计的化学教学策略应该是可操作的。化学教学策略既不同于抽象的化学教学原则，也不同于在某种教学思想指导下构筑起来的化学教学模式，而是供教师在教学中参照执行或操作的教学谋划或措施。它有着较明确具体的内容，是教学活动具体化、行为化的基本依据，不同于只发挥指导和规范作用的化学教学原则和教学模式。因此，虽然化学教学策略对某种具体教学行为具有指导性，但它的可操作性应该是其本质特征之一。

（4）对问题解决的启发性。所设计的化学教学策略应该能启发问题解决。化学教学策略往往是与化学问题解决相联系的，即化学教学策略带有问题解决的经验性倾向。这是操作者在问题解决过程中一系列行为活动所遗留下来的痕迹。当操作者处于新的问题解决过程中时，会受到这种经验性倾向的影响。因此，在设计化学教学策略时，教师应主动利用这一影响，去选择解决教学问题的最佳策略途径和方式，从而有效地完成设计工作。

（5）教学策略的灵活性。所设计的化学教学策略应该具有灵活性。在选择和制订化学教学策略时，应该根据不同的教学目标、内容和任务的要求，参照不同学生的初始状态，将最适合的教学方法、教学媒体和教学组织形式组合起来，保证教学活动达到既定的化学教学目标。同时，已经制定好的化学教学策略在运用时，应能够随着教学情境（目标、内容、对象）的变化做出相应的改变。只有依据化学教学的实际状况能灵活变化的教学策略，才能始终在化学教学中发挥出最佳的作用。

4. 化学教学策略的设计要点

化学教学策略的设计是一件较为复杂的系统工作，原因在于影响化学教学策略形成的因素不仅错综复杂，而且不易把握。以下是一些化学教学策略的设计要点，可以为一般化学教学策略设计提供参考。

（1）教学准备策略的设计。教学准备是指教师依据教学目标，钻研教材、组织教材、选择教法，以及了解学生，制订教学计划的过程。化学教学准备策略的设计就是回答采用何种活动方式或行为措施，可以准确、高效地完成化学教学的准备工作的问题。对化学教学准备策略的设计，包括对制订化学教学目标的策略、确定化学教学内容的策略、分析学生知识背景的策略、编制化学教学计划的策略等的设计。

（2）教学实施策略的设计。教学实施是教学意图得以贯彻、教学目标得以达成的过程。化学教学实施的策略设计要求教师在化学教学过程中，懂得把教学内容同学生的认知结构联系起来并帮助他们组织所学习的材料；懂得从学生的实际出发，采用大量的具体例子，以归纳方式使学生形成概念；懂得以学生认知结构为依据，用定义的形式解释概念，最终使学生理解掌握概念，以及通过有目的、有意义的学习，使学生积极地获得概念等。

（3）因材施教策略的设计。因材施教是指教学要适应学生的身心特点。化学教学的因材施教策略的设计要求教师针对学生的年龄差异、能力差异、认知方式的不同，分别采取相应的教学策略。

（4）教学监控策略的设计。教学监控是指在教学活动中为保证达到教学目标而对教学过程进行的检测、评价、反馈和调控。化学教学的监控策略设计要求教师在四个方面考虑教学监控策略的确定，它们分别是主体自控策略、课堂互动策略、教学反馈策略和现场指导策略。主体自控策略是指教师依据教学目的和教学主体的状况，积极促使教学主体进行自我控制的方式方法，包括主体（教与学双主体）的动机水平的提高，主体自我意识的增强，学生主体元认知监控水平的提高策略设计等。课堂互动策略是指教师有意识地建立规范的、和谐的、多向的交往与合作的课堂互动环境。教学反馈策略是指运用多种反馈渠道，将教学的情况反馈给教师或学生，以便及时地修正教学。现场指导策略是指根据不同的教学情境、学生学习状态，选择最佳教学方法，达到最佳教学效果。

五、化学教学实验设计

化学是一门以实验为基础的自然科学。中学化学教学实验具有帮助学生形成化学概念，理解和巩固化学知识，培养学生的观察能力、思维能力和动手能力，启发学生联系科学、生活、社会实际进行创新，培养学生的科学精神、良好的心理素质等诸多功能。因此，化学实验在中学化学教学中具有不可取代的地位。实验教学是以实验为主要内容的教学活动，其主要任务有两个方面：一是直观地让学生观察和认识众多的自然现象及其内在的规律，使学生对某一领域的知识从感性认识上升至理性认识，验证或再发现某些已知的理论知识，从而巩固已学到的理论知识，培养学生的创造性思维能力。二是使学生学会认识和研究自然科学领域的问题的一般或特殊的实验方法，熟练掌握实验中常规及某些特殊的技能，提高学生的实验动手能力。化学教学实验设计的要求主要有以下几点。

（一）实验目的明确、有针对性

化学教学实验的内容、范围和难度等，依化学教学目标而定。要针对化学教学目标规定的知识技能要求，抓住教学的重点和难点设计化学教学实验，以丰富学生的感性认识，更好地理解和掌握化学概念、原理和规律。对于通过实验要求学生掌握哪些基础知识，培养哪些技能技巧、哪些方面的能力，明确解决哪些主要问题，突出观察哪些实验现象，重点示范哪些基本操作，应概括得出哪些结论以及如何启迪学生思维等，教师在设计教学实验时要十分清楚，做到心中有数。同时，化学教学实验的设计还应考虑到教学目标对能力培养和科学方法训练的要求，体现出化学实验的教育功能。

（二）实验现象鲜明、形象直观

现象鲜明、形象直观的化学教学实验，能更有效地引起学生的注意，使他们积极地投入当前实验现象的观察和感知中，从而在头脑中形成深刻印象，为思维加工过程积累丰富的感性材料。教师在设计化学教学实验时，要尽可能地选择那些现象鲜明、形象直观的实验，以保证实验达到良好的效果。无论是演示实验还是边讲边实验，应使全体学生都能看清实验的物质、装置、操作和反应现象。教师要选择合适的仪器和药品，考虑实验装置安放的位置和高度以及仪器的大小。实验装置力求简单、整齐、美观，重点部位要突出，不需要使用的仪器等要及时移开，避免分散学生的注意力，影响实验效果。操作要正确，速度要适当。实验现象要鲜明突出。当然，也不要过度地追求实验现象的新颖和离奇，使学生不得要领、分散注意力。

（三）实验过程、结论具有启发性

所设计的化学教学实验，应该在实验过程中或所得结论中具有一定的启发性，有助于学生对化学教学内容的理解和掌握。教师要善于运用教学艺术，使讲授、演示和板书有机地结合起来，启发学生积极思考，有效地培养学生的思维能力。不论采用哪种形式进行实验教学，教师都不要急于把结论告诉学生，而要善于引导，使学生明确实验的目的和观察要求，认真进行实验和观察，实验时要引导学生对实验装置、操作步骤和观测获得的现象进行积极思考，对现象和测到的数据进行分析，通过抽象、概括、分析、归纳，认识和揭示出事物的本质和变化的规律，以形成化学概念，掌握化学理论。化学教学实验使整个化学教学过程充满积极的思维活动，有利于发展学生的理解能力、分析能力和推理能力。

（四）实验内容简洁、安全、可靠

化学教学实验在内容上的不同，会导致实验过程的千差万别。教师设计化学教学实验时，要精心选择内容简洁、操作安全、结论可靠的实验，以便在有限的时间内实现教学所要求的实验效果。教师要认真钻研实验教材，反复做好预备实验，掌握实验要点和数据，避免出现科学性错误。在保证教学实验科学性、针对性的前提下，要尽可能使实验过程简洁明了，实验操作安全可靠。危险而不可靠的实验不仅危害学生的身心健康，而且容易造成学生对化学实验现象的误解。教师要懂得有毒物质、腐蚀性物质和可燃性物质等的使用规则，要了解各种仪器的使用性能以及防火、防爆、防中毒等基本知识，有危险性的实验仪器和药品摆放要合理，避免所设计的实验发生危险事故。当然，在化学教学实验过程中，要保持实验的真实性，不能为了避免危险或希望达到一定的实验效果而弄虚作假。

六、化学教学媒体设计

（一）化学教学媒体

1. 化学教学媒体及其特点

（1）化学教学媒体。媒体也称媒介。美国教育心理学家加涅认为，在教学背景中所用的"媒介"这个术语，意味着用来向学习者提供交流或教学刺激的事物组合或事物系统。媒体本身是各种事物的组合和事物系统，可以认为教学媒体是"任何用来传递知识的通信手段"。

化学教学媒体是化学教学过程中用于负载化学教育信息，以便实现经验传递、知识传播和技能培养的物质手段或工具。化学教学媒体是化学教学的基本要素之一，化学教学活动离不开一定的媒体的支持。

（2）化学教学媒体的特点。依据化学教学媒体的定义，可以得出化学教学媒体具有以下两个特点。第一，化学教学媒体作为传递经验的物质手段，具有一定的物质形式。在化学教学过程中用以传递信息的媒体可以是多种多样的。它既可以是一种简单的声波或光波，也可以是一种极为复杂的仪器设施。但作为化学教学媒体，必须是能作用于人，使学生能对其作用产生能动反应的事物，是具有一定物质形式的客体。第二，化学教学媒体区别于信息媒体而存在。化学教学媒体与信息媒体都是传播过程中，传方与受方之间的联系物，都是信息的载体。但是，化学教学媒体与信息媒体之间，又存在非常重要的区别，信息可以通过单向性的媒体进行传播，而教学必定需要传方和受方之间的双向传播。

2. 化学教学媒体的分类

化学教学媒体的种类很多，下面仅介绍两种分类。

（1）依据教学媒体作用的感觉通道，可以把化学教学媒体分为四类：非投影视觉辅助，包括黑板、模型、实物等；投影视觉辅助，包括幻灯机、投影仪及其辅助设备；听觉辅助，如录音机、放音机、收音机等；视听辅助，包括电影、电视和录像等。

（2）依据巴甫洛夫两种信号系统学说，可以把化学教学媒体分为两类。

①非言语媒体。非言语媒体是直接的刺激物，属于现实的第一信号系统，包括实物、实验装置、实验现象、图表以及身体动作和表情动作等。非言语系统媒体所负载的是现实事物现象的具体经验和具体信息。这种非言语媒体可以传递人们对各种具体事物的感性的和具体的经验。从这类媒体所负载的信息量来说，其投入相对较小，因而获取信息的加工相对较简便，要求的条件较少。

②言语媒体。言语媒体以言语负载教学内容，属于第二信号系统，包括口头语言以及书籍、讲义、板书等文字材料。言语系统媒体区别于非言语系统媒体而存在，所负载的是现实事物现象的抽象经验和抽象信息。由于词语及第二信号系统是现实的第一信号系统的信号，具有抽象性与概括性，因此这类媒体可以用来传递人们对现实的理性的和抽象的经验。由于言语系统的媒体可以作为非言语系统的媒体的信号，因此其信息的负荷量不受非言语系统媒体的局限，包容性相对较大，获取信息的加工相对繁杂，要求的条件较多。

（二）化学教学媒体的选择

1. 影响化学教学媒体选择的因素

（1）化学教学任务。化学教学任务包括化学教学目标、化学学习内容和化学技能培养等因素。一定的媒体对一定的化学教学活动要达到的预期目标有着显著和独到的作用。当学习目标是让学生掌握一些比较抽象的概念，如物质的结构和分子的结构时，采用物质结构模型较为有效；当涉及分子的运动、核化学反应或实验室里无法演示的工业反应流程，以及纠正学生某一实验动作技能的错误时，最好的选择是录像，这种媒体为认识事物的本质特征提供了极大的方便，使学生获得大量的、在一般情况下学不到的，或要付出很大代价才能学到的替代性经验。

（2）学生身心特征。学生的身心特征是化学教学媒体选择中应该考虑的因素，因为学生的年龄、智力特点、认知结构、学习经验和动机兴趣等对化学教学中媒体的选择有一定制约作用。一个有经验的化学教师在为低年级学生进行化学绪言课教学时，往往采用录像、演示实验和实物模型，使学生感受到化学与工农业、实际生活密切相关，以激发他们学习化学的兴趣。而当学生已有一定的化学基础知识和技能时，则可以采用幻灯机来提供一连串的、可随意翻看的静态画面，帮助学生进行复习或记忆。幻灯机的好处在于能使教师与学生之间始终保持交流，能面对呈现材料进行学习，教师可以一边观察学生反应，一边加以指导。可见，由于学生的年龄、学习兴趣、学习经验等身心特征的不同，媒体的选择也可不同。一般认为，与学生的年龄、兴趣、实际经验等相匹配的媒体可以为教学提供更多的帮助。

（3）教学管理。选择化学教学媒体时要考虑的因素还有化学教学管理，包括教学规模、教师能力、教学安排等。从教学环境和教学效果两方面考虑，大班级教学、小组教学和个别教学所使用的教学媒体是不同的。选择化学教学媒体往往受到教师素质和教学安排等因素的影响，这是因为现代视听教学媒体所展示的材料不仅形象，而且生动，对激发学生的学习动机、调动其学习积极性有独到的功效。但若在教学中对所用媒体管理不善，则会适得其反，起不到教学应有的效果。因此，选择使用教学媒体需要有周密安排的课堂教学，要求教师有及时获取、处理反馈信息，控制教学进程的能力。

（4）经济因素。化学教学媒体的选择还受到经济因素、媒体自身特点及其使用要求等一些实践性因素的制约。化学教学媒体的选择应该考虑经济因素，有学者认为，如果用较便宜的教学媒体上课的效果与使用价格高的教学媒体一样好，那么最好选择价格较低的媒体。同时，也要考虑一些有关媒体自身和使用上的因素，如媒体资源、媒体功能、操作情况、媒体组合性、媒体灵活性、媒体质量和使用环境等。

2. 化学教学媒体选择的程序

化学教学媒体的选择受许多因素的制约，可以有多种不同选择，但一般来讲可分为以下几步。

（1）了解化学教学目标、教师和学生的特点，包括：化学教学目标和每一项教学目标所属的学习类型（如智力技能、言语信息、认知策略、运动技能或态度）；教师的教学水平，包括备课讲课水平、课堂调控水平和测验讲评水平等；学生的学习能力，包括阅读能力、观察能力和理解能力等。

（2）确定最合适的化学教学组织形式和经验习得方式，包括：确定最适合化学学习目标和学生特点的化学教学组织形式（集体授课、个别化教学及小组教学）；确定最适合学习目标和上述某种教学组织形式的经验习得方式（直接亲身的经验习得、词语与印刷文字表达的抽象经验习得及非词语的媒体经验习得）；罗列出当习得经验经非印刷媒体传递时化学教学媒体应该具有的特点。

（3）根据以上步骤的工作，转入某一合适的流程选择图。这种流程图类似于计算机编程所采用的流程图：用一些框图、箭头、线段和逻辑选择，将问题的提出、解决的途径和结果都尽可能全面和清晰地展示出来。通过流程图，选择通常被导向一种或一组适合的媒体。例如，选择被导向一处"静止画面"媒体，则框内可有照片、幻灯片和投影片等媒体，下一步再对这三种媒体做最后的确定。

（4）重点考虑化学教学媒体的使用和经济等因素，可用"两维表"来完成。仍以上面的"静止画面"媒体为例，可以设计成这样的两维表：一维为选出的三种媒体——照片、幻灯片和投影片；另一维为必须要考虑的因素。将三种媒体与任一因素做比较，得出不同级别的选择，从中可得出最需要的教学媒体，再综合经济因素、教师的喜好和市场供货情况等做出最后的选择。

（三）化学教学媒体的优化组合

通常，在课堂教学过程中，化学教学的各种媒体并不单一地起作用。由于不同媒体具备不同的特点，各自都有自己的适应性和局限性，因此在可能的条件下，化学教学应该尽可能地采用多媒体组合方式进行教学，以使各种媒体能扬长避短地工作。当采用多媒体教学时，存在媒体的优化组合问题。只有把多种化学教学媒体有机地组合起来，发挥各自的功能去传递不同性质的教学内容，才能取得预期的教学效果。

显然，化学教学多媒体的优化组合应用是为了取得化学教学的优化效果，但这种优化组合发挥出应有效果是有前提条件的。研究表明，在不同感觉通道中呈示的信息在信息有联系的情况下，同时给予两种感觉通道的刺激会提高学习效果。但如果信息量给得太多且超过一定冗余度，这时用双通道呈示的信息还不如用单通道呈示的效果好。因此，采用多媒体组合教学时，要注意：

（1）不同通道传递的信息要一致或有一定的联系，避免相互干扰。

（2）不同通道传递的信息并不是越多越好，单位时间内的传递信息量不要超过学生的接受能力。

（四）化学教学媒体设计的主要内容

1. 化学教学语言的设计

语言是思维的物质外壳，思维的内容主要通过语言来表达。同时，语言又是信息传输的最重要的载体。在化学教学中，教师阐明教材内容、传授知识、组织练习、激发学生的学习积极性等一切课堂活动所用的语言就是化学教学语言。化学教学由基本教学语言和符合化学学科要求的特殊语言所组成。

（1）基本语言的设计。采用规范的普通话，不用方言教学；注意发音和语调，力求吐字清楚、音量适中、语速适宜和语调和谐；注意语言的可信度和有效性，要使采用的语言贴近学生的年龄、接受程度，避免不真实、不可信的成分，并要传神和富于情趣；贮备一定量的基本思维表达词汇用于教学，选择大量正确、规范和生动的词汇丰富基本教学语言词库。

（2）特殊语言的设计。化学教师在化学教学中所采用的特殊语言是与化学教学的特殊环境紧密相连的。

①引入言简意赅的描述短语。化学教学中，一些抽象的概念和复杂的观念，采用简单明了的短语表达，可以将其意义迅速提炼出来。如原子核外电子运动状态、排布规律和表示方法都比较复杂，教师可以将它们提炼为"四个方面"（电子层、电子亚层、电子云的空间伸展方向和电子的自旋），"三条规律"（泡利不相容原理、能量最低原理、洪特规则），"三种表示"（原子结构示意图、电子排布式、轨道表示式），使学生对这些内容有更加明确和清晰的了解。

②采用化学用语。化学用语是表示物质组成、结构和变化规律的一种国际化学文字，是学习化学的一种专用工具，也是进行国际交流的科学而准确的书面语言。它具有简明直观、确切表达化学知识和化学思维的特点。化学用语能表达化学基本概念、物质的组成及其变化规律等。例如：元素符号既代表某种元素，又代表该元素的一个原子；化学式既表示某种物质的组成，又代表该物质的一个分子；化学方程式既表示一个真实的化学反应，又表示物质间相互作用的量的关系。因此，化学用语是化学计算的基础，是培养科学思维方式的重要形式。正确使用化学用语，有助于化学教学的有效进行，发展学生的记忆力和抽象思维能力。

2. 化学教学板书（板画）设计

板书（包括板画）是在教学过程中利用黑板、白板、磁性板等教学板，以精练的文字、图解和符号传递教学信息，使学生更好地感知教学内容的行为方式。

板书是一种重要的教学手段，是课堂教学的有机组成部分。以黑板和粉笔为教具，简便易行并且可操作性强。板书可以体现教学意图，帮助教师表达讲课的程序和内容结构；可以促使教师深入钻研教材，提高思维能力和表达能力，弥补口头语言的不足；可以概括教学内容，引导和控制学生思路，使知识系统化、条理化。通过板书（板画）可以突出知识点、线、纲之间的关系，使知识结构明朗化。板书具有直观效果，能加深印象，强化记忆。板书也是评价教师课堂教学质量的一个重要方面。好的板书可帮助学生理解教学内容，抓住重点、突破难点、掌握关键，向学生提供书写和运用化学用语、规范解题格式和绘制图表等的正确示范，增进教学效果；能帮助学生掌握教学思路，提高逻辑思维能力；能加强教学的直观性，唤起学生的注意力，增强学生的记忆力、理解力，有利于思维训练；有利于锻炼学生的做笔记能力、表达能力；有利于学生课后复习和理解、巩固新课内容。

化学课堂教学中的板书包括正板书和副板书两部分。正板书包含相对固定的板书内容，体现的是化学课堂教学的意图。正板书能形成比较完整的体系，被书写在黑板的显著位置并尽量保留。副板书包含临时性、多变性的板书内容，主要用于帮助学生听讲或充当正板书的辅助和补充，它们一般不长时间保留，书写位置没有严格的要求，但也要做到有计划地书写，保留时间恰当，整体版面布局合理。

（1）板书的内容。课题名称、授课提纲，包括研究问题的思路、步骤、知识的系统结构等；教学要点和重点，包括重要的定义、原理、规律、符号、数据、性质、制法、用途、方法、结论、注意点和学习要求等；补充材料和其他内容，包括图表、例证，以及为了帮助学生听清、听懂而做出的文字解释、说明、提示、图示和生僻字词等。其重点和详略常常因教学内容、教学方法、教师的教学风格和学生的接受水平而定。

板书内容应该是教师教学的重点内容或主要内容，应能厘清教材的系统，体现知识结构。但不能变成课文摘要或内容缩写，否则将使学生忙于抄写板书，影响学生听课效果，从而失去板书的意义。

（2）板书形式设计。

纲要式板书设计：用于表示教学内容的结构、组成、顺序以及有关要点等的板书。

图表式板书设计：用于示意图、比较表等内容的板书。

思维式板书设计：用于表示思维、运算过程的板书。

综合式板书设计：综合运用各种板书形式进行的板书设计。

（3）板书的布局设计是比较重要的问题。简洁、鲜明、引人入胜的板书一般都采取的是正板书居中、副板书居两侧，正板书长留、副板书临时，重点板书内容重点标出、非重点板书内容简单带过的布局策略。

3. 化学多媒体课件设计

为满足计算机辅助教学的需要，根据化学教学目标编制，用于化学课程教学的多媒体程序软件称为化学多媒体课件。它是化学教学内容、教学方法和课程设计技巧的有机结合体，通常以磁盘为存储载体。通过多媒体课件的运行，计算机辅助化学教学系统能在一定程度上代替化学教师向学习者呈现学习材料和问题，对学习者的问题进行评定、诊断、反馈、提示和指导，跟踪、记录学习情况并进行分析，做出教学决策，调整、调控教学过程等。

（1）化学多媒体课件的规划。化学多媒体课件的规划包括拟定化学多媒体课件的编制目的、教学内容、教学目标、教学要求及其结构方式，明确课件的适用对象、适用范围和支撑环境，编写或者选择适当的化学教材。

（2）化学多媒体课件的设计。化学多媒体课件的设计包括确定各节的教学模式、课件类型、教学方法和教学策略，根据教学内容要素划分教学单元，确定各单元向学生传输的学习内容、应提出的问题、可能的应答反应，确定对应答反应如何判断、反馈以及转移控制的结构，根据课件的支持环境选择适宜的信息输入方式，通过对原始教材的再创造编制出化学多媒体设计的流程框图。

（3）化学多媒体课件的输出设计。为了提高信息传送效率，要确定适当的信息表示形式（如文字、图像、声音等），显示器是最主要的输出设备，根据它的显示特点精心设计信息显示位置、显示技巧，画出附有注释说明的屏幕设计图。

（4）化学多媒体课件的程序编制和调试。通过所设计的程序框图，用适当的程序设计语言编写各单元的程序，并在计算机上初步调试，然后把各单元程序组接成课件，再进行整体调试。

（5）化学多媒体课件的试用、修改和维护。在适当的班级或其他教学单位中试用所编制的化学多媒体课件，了解试用的情况，针对发现的问题进行修改和日常工作的维护。

第三节　高中化学课堂教学实施

一、实施化学课堂教学前的准备工作

（1）准备实验和其他传递教学信息的媒体（多媒体教学、教具等）。

（2）修正并熟悉教案。

（3）各个教学环节的时间分配要合理、紧凑。

二、化学课堂教学

（一）化学课的结构

1. 课的开始

要求学生复习旧知识并为上新课做好准备，并明确这一节课的教学目的、目标，为学好本节课做好知识、认识动作和心理上的准备。

教学方式有检查复习、问题导入、实验导入、直接导入等。

2. 课的中心部分

课的中心部分为本节课的核心，关系到教学目标能否达到、教学质量的高低。课的中心部分往往是新内容的展开，如新概念、新原理、新物质的讲解与应用等，其教学结构与教学程序依内容的不同而不同，教学方法变化也较大，但都要紧紧围绕这节课的教学目的展开教学。教师除了在讲课过程中要思路清晰、逻辑严密、前后呼应、环环相扣外，还要在如何抓住教材的关键、突出重点和突破难点上狠下功夫。

3. 课的结尾部分

对本节课的内容进行归纳整理，重点强化，概括性小结，进行新旧知识的对比，通过课堂练习获得反馈信息。

（二）一堂好课的具体要求

（1）要有明确的教学目标，不仅教师清楚，也让学生明确。

（2）正确执行各项教学原则，既全面贯彻又突出特点，深入钻研教材的科学性和思想性，保证讲授时准确无误；面向全体学生，突出重点，突破难点；重视知识的内在联系，温故知新；重视培养和发展学生的智能，注重理论联系实际，加强学生的实践活动；讲练结合，充分发挥教师的主导作用和学生的主体作用。

（3）灵活地选择和运用各种教学方法，高效率地激发学生的学习兴趣，使学生注意力高度集中。积极开展思维活动，配合使用各种方法，相互渗透，融为一体。

（4）加强直观教学，调动学生的各种感官，设计和补充一些实验，利用图表、直观教具等。

（5）重视教学语言，精心设计板书。

（6）严谨的课堂组织，严格的学习纪律。

（三）要处理好几方面的关系

（1）知识与能力。

（2）知识结构与认知结构。

（3）认知因素与非认知因素。

（4）逻辑思维与非逻辑思维。

三、化学教师说课

所谓说课，是指教师在讲某一节课之前，在一定场合下介绍自己这一节课准备怎么上，以及为什么要这样上，即以"说"的形式对教学内容进行系统分析与设计，并以教育教学理论为依据，统筹归纳、合理演绎、高度概括课堂内容，通过说教材、说教法、说学法、说过程，达到指导课堂教学实践的目的。此外，说课和讲课不同，它是一种课前行为，通常是在教研活动中进行的。说课是说给同行听的，即听的对象是同行（教师）而不是学生。因此，要求说课者事前做好充分的准备（整理加工的教学参考资料与自身的教学经验），便于根据教学目标讲清每一个知识点，讲清拟采用的教学方法与策略。说课的时间一般为 10 ~ 15 分钟，说课过程有时还要求插入教学片段。

"时间紧、问题多"是说课的特点，因此化学教师必须把相关的教学内容进行高度浓缩，并用最精练的语言加以表达，力求言简意赅。从某种意义上说，"说课"的要求比讲课更高，"说课"的难度比讲课更大。因为教师的教学基本功、专业素养、气质与风度能通过"说课"充分表现出来，所以目前招聘新教师多采用"说课"这种形式。

（一）说课说什么

说课的内容主要包括教学内容的分析、教学目标的确定、教学过程的设计、教学方法与策略的选择、教学效果的评价。

1. 教学内容的分析（20%）

安排组织、处理教材内容，主要介绍本节教材的地位与作用，并指出教材前后的联系，具体分析教材内容，指出本节有哪些新的知识点，这些知识点在本章的重要程度，与前面旧知识有何关联，如何为教材后面新知识的学习做铺垫并起到承前启后的作用，然后再由本节教材的地位和作用，确定本节教材的重点、难点。

2. 教学目标的确定（20%）

结合教学内容，注意从知识与技能、过程与方法、情感态度与价值观三个维度把握教学目标，还要做学情分析，即分析学生掌握化学知识的情况、本班学生的认知水平及原有的知识基础，学习氛围是否浓厚，师生互动情况是否理想等，并指出学生在学习本节内容时可能会在哪些知识点出现障碍或产生分化点。

3. 教学过程的设计（50%）

提纲挈领介绍本节课主要的教学环节，并以板书或课件的方式呈现，对教材或教案中的基本内容应避免做具体的讲解，而应对自己认为教学过程较有特色的设计部分进行较为具体的介绍，如某个化学教学情景的设计、某个化学探究实验的安排等。要做到详略得当、重点突出。

教学过程作为说课的主题曲，一定要认真设计。要想说好课，必须说好教学过程。那么如何说好教学过程？除了上面讲的具体项目外，还有一个法宝，就是发挥化学科目的优势，在实验、教学手段方面多下功夫，以强化重点、突破难点，要注意可行性与创新性并行。此外，学生上课情绪的两个高峰期分别为上课后的 20 ~ 25 分钟及 30 ~ 35 分钟，因此教学的重点、难点最好放在这两个时间段。

4. 教学方法及策略的选择（10%）

介绍本节内容拟采用的教学方法和策略，并说明为什么这样做以及这样做的好处有哪些。

5. 教学效果的评价

教学效果的评价是指教师课后反思，对教学效果进行自我评价。如果是课前说课，就不必做。

（二）说课的基本要素

1. 观点

观点即施教的想法，要用新的教育理念统领说课的全局，包括教育学、心理学的原理，以及系统科学方法论、学科教学法等。要以"理"领"说"，"说"中渗"理"，以加强说课的深刻性。

2. 重点

"复习重专题，新课有重点。"例如，"气体摩尔体积"一节的教学，概念的形成是这一节的重点，由这个概念推算出来的阿伏加德罗定律、气体相对密度和气体平均相对分子质量计算关系式等，都是可以不突破的旁支。

3. 难点

教材中的难点是如何突破的，是为说课对象即同行所关注的内容。可以用阐释性陈述突破，也可以用习题突破，还可以用实验突破，甚至可以通过引导学生探索研究突破。

4. 亮点

一节课哪些环节做巧妙的处理，改进或补充了哪些实验，某个知识点安排了某个活动，富有成效地促进了学生创新能力的培养等，都是该节课值得称道的亮点，说课时应有所展示。

5. 愤悱点

强调应用启发式教学方法，孔子说"不愤不启，不悱不发"。在教学过程中，非心求通而未得，则不启示；非口欲言而未能，则不开导。

因此，我们在授课时应坚持学生主体参与探索过程的研究性学习，培养学生的创新思维能力。这就要求教师找准引发探索的切入口，在课堂教学中把握好培养学生认知能力的"最近发展区"。说课要说出如何培养学生的能力，关注"愤悱点"应当是一种理智的选择。

（三）说课中应遵循的基本原则

近几年来，说课这一教研活动形式引起了教育界的广泛关注并得到了深入发展，积累了不少有益的经验，正日渐成为提高教师素质的一条简捷、有效的途径。说课和其他形式教研活动的开展一样，也应该在一定的原则指导下进行。

1. 科学性原则——说课的前提

科学性原则是教学应遵循的基本原则，也是说课应遵循的基本原则，它是保证说课质量的前提和基础。科学性原则对说课的基本要求主要体现在以下几个方面。

（1）教材分析正确、透彻。说课中教师不仅要从微观上弄清弄懂各知识点的内涵和外延，保证准确无误，更重要的是要从宏观上正确把握本节课教材内容在本学科、本年段的地位、作用以及本节课内容的知识结构体系，深刻理解各知识点之间的关系。

（2）学情分析客观、准确，符合实际。说课中教师要从学生学习本课的原有基础和现有困难两个方面分层次、客观、准确地分析学情，为采取相应的教学对策提供可靠的依据。

（3）教学目标的确定符合课程标准和学生实际。教学目标包括本节课的总目标与具体的基础知识目标、发展智能目标和思想教育目标，其确定都要与教材分析和学情分析保持高度的一致，要有切实可行的落实途径。

（4）教法设计符合课型特点和学科特点，可行性强。在说课中，教师既要说清本节课的总体构想以及依据，又要说清具体的教学设计，尤其是关于重点、难点知识的教法设计的构想及其依据，使教法设计思路清晰，具有较强的可操作性。

2. 理论联系实际原则——说课的灵魂

说课是说者向听者展示其对某节课教学设想的一种方式，是教学与研究相结合的一种活动。因此，在说课活动中，说课人不仅要说清其教学构想，还要说清其构想的理论与实际两个方面的依据，将教育教学理论与课堂教学时间有机结合起来，实现理论与实践的高度统一。

（1）说课要有理论指导。在说课中，对教材的分析应以学科基础理论为指导，对学情的分析一概以教育学、心理学理论为指导，对教法的设计应以教学论和学科教学法为指导，力求所说内容言之有理，言之有据。

（2）教法设计应上升到理论高度。教师在教学实践中往往只注意对教法本身的探索、积累与运用，而忽略了将其总结上升到理论高度并使之系统化、规律化，因而淡化、浅化了教学实践的功能。在说课中，教师应尽量把自己的每一个教法设计上升到教育、教学理论高度并接受其检验。

（3）理论与实际要有机统一。在说课中，教师既要避免空谈理论，脱离实际，又要避免只谈做法不谈依据，还要避免为增加理论色彩而张冠李戴，理论与实际不一致、不吻合。要做到理论切合实际，实践是在理论指导下的实践，理论与实践高度统一。

3. 实效性原则——说课的核心

任何活动的开展都有其明确的目的，说课活动也不例外。说课的目的是通过说课这一简易、速成的形式或手段在短时间内集思广益，检验和提高教师的教学能力、教研能力，从而优化课堂教学过程，提高课堂教学效率。因此，"实效性"就成了说课活动的核心。为保证每一次说课活动都能达到预期目的，收到可观实效，至少要做到以下几点：

（1）目的明确。大体来看，说课可用于检查、研究、评价、示范等多种目的。一般来说，检查性说课主要用于领导检查教师的备课情况；研究性说课主要用于同行之间切磋教法；评价性说课主要用于教学评比、竞赛活动；示范性说课则是为了给教师树立说课的样板，供其学习、参考。在开展说课活动前，首先要明确目的，也就是明确将要开展的是哪一类型的说课活动，以便做好相应的准备工作。

（2）针对性强。这主要是针对检查性、研究性两种说课活动而言的。检查性说课一般来说主要针对教师的工作态度、教师的专业知识、教师的教学能力、教师的教研能力；研究性说课应主要针对承上启下的课、知识难度较大的课、结构复杂的课以及同科教师之间意见分歧较大的课等。

（3）准备充分。说课前，说课人要围绕本次说课活动的目的进行系统的准备，认真钻研课程标准和教材，分析学情，做到有的放矢。说课人还要写出条理清楚、有理有据、重点突出、言简意赅的说课稿。

（4）评说准确。评说要科学准确，指导性强。说课人说完之后参加评说的人员要积极发言，抓住教学理论上的重大问题和教学中带有倾向性、普遍性、规律性的问题进行重点评说。主持人还应该将已达成的共识和仍存在分歧的问题分别予以归纳总结，以便说课人在教学中贯彻执行或今后继续进行研究。

4. 创新性原则——说课的生命线

说课是深层次的教研活动，是教师将教学设计或构想转化为教学活动之前的一种课前预演，其本身也是集体备课。在说课活动中，说课人一方面要立足自己的教学特长、教学风格；另一方面，更要抓住有同行、专家参与评说，众人共同研究的良好机会，树立创新的意识，大胆假设，小心求证，探索出新的教学思路和方法，从而不断提高自己的业务水平，不断提高教学质量。只有在说课中不断发现新问题、解决新问题，才能使说课活动永远新鲜，充满生机和活力。

第四节　高中化学综合活动实施

一、化学主题的综合实践活动的概念

基于化学主题的综合实践活动是从化学学科的视角出发，再以实践活动这一表现形式进行生成，使化学学科与综合实践活动两者紧密结合，注重学生在活动中的体验，以实现学生的综合能力发展作为最终目的的一门非学科课程。

基于化学主题的综合实践活动的概念涵盖以下几个部分：

（1）课程以化学为主要内容，即实践活动的开展要以化学的视角出发，运用化学知识，这里所说的知识的范围是很宽泛的，可选择课本上的化学知识点，也可选择生活中发生的化学现象，还可以是工业生产中的流程所涉及的化学知识。

（2）课程的表现形式多种多样，可以是化学探究实验、趣味实验，也可以是化学调研报告，还可以观看化学科普电影。教师在授课过程中应突出学生的主体作用，教师仅在必要时加以辅导，以提高学生的动手能力、综合能力为教学目的。基于化学主题的综合实践活动涉及的内容非常丰富，授课方式灵活，能充分调动学习者的积极性，使其具备探究精神，亲身体验活动带来的参与感，同时也能稳固化学知识的学习。

（3）注重学生在活动中的直接感触，以学生的爱好为导向，以学生的自主探究为习得方式，借助化学实验的方式，以提升学生的能力为最终目的。

二、化学主题的综合实践活动的特点

基于化学主题的综合实践活动的特点是综合性、实践性、开放性、自主性等。基于化学主题的综合实践活动在选题时注重学生的个性培养，根据学生的兴趣和爱好选取学生熟悉的生活领域或者化工生产方面的综合性题材，课程呈现方式有很多种，可以通过探究实验、实践活动、撰写调研报告、到厂矿企业实地参观等多种方式，丰富学生的认知体验。

三、化学主题的综合实践活动设计

基于化学主题的综合实践活动设计以化学学科为视角，利用现代教学设计理论，把各种教学资源有机组织起来，将这些资源中有联系的部分加以整理并制定统一的规划，再制定具体的实施步骤，并对活动的结果作出评价。

（一）教学目标设计

基于化学主题的综合实践活动，其教学目标由知识目标、能力目标、情感目标三部分组成。

1. 知识目标

了解当代化学的研究动态、社会对化学知识的需求情况；了解化学与社会、自然的关系；知道化学在工业中的应用；掌握多种学科知识，加强化学与其他学科的交叉和融合。

2. 能力目标

（1）自学能力。掌握有效的学习方法，懂得怎样独立思考，提高利用已有学科知识解决遇到的新问题的能力。

（2）创新能力。尊重学生的创新能力，为其创设学习空间；鼓励学生充分发挥想象力，勇于提出新观点、新方法，并将新想法付诸实践。

（3）团队协作能力。课程通过分组学习，让他们学会与其他组员共同合作，一起解决遇到的问题。

3. 情感目标

激发学习的兴趣，提高鉴赏能力，培养乐观的生活态度、求真的科学态度。

（二）教学内容设计

基于化学主题的综合实践活动在教学内容的设置上，选取学习者较为熟悉的内容。教师可以选择与化学学科知识点紧密结合的探究实验活动，让学生在已有的化学知识结构下，设计实验原理和实验步骤，依照步骤动手做实验，进行结果的分析、总结，探究问题产生的具体缘由。学生可以在教师的指导下做一些探究实验，例如，检验食用盐中是否加碘，为什么在保鲜袋中密封保存的水果更容易成熟，蜡烛燃烧后生成物的研究，生物电池的制作等。教师可以指导学生根据社会生活中的具体现象，通过查阅文献，了解问题产生的原因及对策，再通过走访调查和问卷调查的方式收集素材，最后利用综合知识形成调查报告，在学校或者社区开展宣传活动。例如，学生可以调查研究食品添加剂的成分及使用情况、厨房中的化学、自制汽水、饮水与健康、自制粉笔、食品中的有机物等课题，在学校和社区进行宣传，通过社区服务锻炼学生收集素材、处理信息的能力，还可以锻炼学生的语言表达能力和社交能力。

　　教师可以选取环保的内容开展实践活动，让学生了解生活中的污染问题以及污染物的处理。例如，白色污染情况调查、生活垃圾的处理以及垃圾分类的实施情况、废旧干电池的回收和处理、塑料快餐盒溶解与降解、一次性筷子带来的烦恼、节约用水——关爱生命之源、雾霾的成因及预防等课题，学生通过调查、研究，了解污染物的来源、减少污染物的措施，增强环保意识，做一个爱护环境的好公民。教师还可以让学生进行与工业生产相关的活动。在学校实验室，可以让学生动手制作简单的化学仪器，例如，制作导管，玻璃管的拉伸、切割，制作有机物的简易分子模型等。教师还可以带领学生到工厂实地考察，了解化肥的生产流程，纯粮酒的酿造方法，参观污水处理厂、石灰厂等。通过参与社会实践活动，学生可以了解工业中是如何使用化学知识的。

第四章

高中化学课堂教学方式构建

第一节　高中化学翻转课堂的构建

一、翻转课堂及其理论概述

（一）翻转课堂的概念

"翻转课堂"（Flipped Classroom）是一种教学模式，指教师在课前发放自主学习资料（包括微视频、导学案等），学生在课外或校外观看视频等资料自主地学习知识点，并及时检测，找出知识漏洞，再反复观看视频直至通过测试；由于测试要求比较基础，学生通过自学会产生新的问题，在课堂上学生将有机会展示自己的学习成果和问题，老师则会帮助、引导学生相互交流、合作解决问题以达到教学目标。翻转课堂"翻转"的重点在于突出了课前的自主学习、课中的问题解决和强化辅导，实现了学习"阵地"的转移，让现代教育的起点由课内转移到了课外，改变了学习方式和教学方式，让学生在轻松自在的环境中主动地探求知识。

翻转课堂在本质上是一种课前进行知识传授，课堂中以合作互动的方式完成知识吸收内化的教学模式。

翻转课堂的优势体现在以下几方面：课前，学生可以根据自己的学习步调进行自主学习，夯实基础知识；在课堂上，它将"以老师为中心"转变成"以学生为中心"；从整个教学过程来看，它将打破学校教育与家庭教育的界限，极大地增加了教学的时间，扩大了空间。

（二）翻转课堂的本质

翻转课堂在本质上是信息化背景下的智慧教育，具体表现在以下几点。

1. 翻转课堂在本质上追求创新和智慧教育

无论是中国的古代教育，还是苏格拉底的"产婆术"教学，都以培养人的智慧为主要目的。到了大工业时代，工厂需要大量具备专业知识和技能的工人，教育才转向以掌握知识为主要目的。随着信息技术的发展和广泛应用，出现了"知识大爆炸"现象，学习资源由短缺转向过剩，进入所谓的"过剩时代"，知识的超载和易得，使以"掌握人类所有文明成果"为目标的知识教育，变成不可能和没有必要完成的任务，而如何选择知识、获得知识、处理知识、应用知识和创新知识，即统率知识的能力和智慧却变得越来越重要。

翻转课堂以掌握知识为基础，以知识创新和发展人的生命智慧为主要目的，专注于培养处理问题和应对危机的能力，也促进学生对人生的思考。翻转课堂让学生学会运用已有的知识和经验对自己与他人、社会、自然的关系进行积极地审视、理解和洞察，并对他人、社会、自然给予历史的、未来的多种可能性关系进行明智、果敢的判断和选择。

2. "翻转"的过程是学生智慧发展的过程

智慧是人类先天遗传与后天环境交互作用的结果，而后者对智慧的作用更大。智慧教育是信息时代教育教学的新愿景，但真正实现智慧教育和智慧发展并不容易，需要创设良好的学习环境和社会环境，采取有效的教学方法。智慧不同于知识，因此，我们不可能通过知识的堆积而获得智慧。我们在探明世间万物和人生真义的过程中，通过"主体的自觉"而获得智慧。这一过程离不开知识的整合和应用创新。

翻转课堂由于突破了传统课堂教学的时空限制，将"最合适的教学过程"安排在"最合适的时间"，接受学习与探究学习有机结合、优势互补，有利于解决传统教学的两大"顽疾"：一是无暇顾及学生的学习差异，二是对创新能力的培养缺乏重视。"翻转"的过程，就是碎片知识的学习与整合创新的过程，与智慧发生的过程有异曲同工之妙。翻转课堂不仅有利于知识的学习，更有利于学生对知识的应用以及其创新能力的培养。

总之，从价值层面看，翻转课堂是智慧课堂，是以"联通"为手段，以发展智慧为目的的信息化智慧教育。明确这一点，不仅有助于提高翻转课堂教学的品位和品质，也有利于智慧教育的发展。

（三）翻转课堂的特征

1. 教学视频在短时间内实现内容的具体化

翻转课堂的教学视频比较短，内容设置一般在 3~10 分钟，每一个视频针对一个知识点进行精讲。学习者可以根据自己对知识的掌握情况反复地观看视频，达到对知识理解、掌握的目的。

2. 学习流程符合学生的认知发展规律

翻转课堂使学生首先进行学习过程，让学生从视觉和听觉两方面接收信息，然后通过师生间或同学间的讨论，将书本知识进行内化。该过程对学习过程进行重组，符合学生学习的认知发展规律。

3. 师生角色发生转变

一直以来，"教师在学生的学习过程中应当担任什么样的角色"是教育界讨论的热门话题。原先的那种教师为绝对权威的模式伴随着信息化社会的到来显得越来越不合时宜。翻转课堂自始至终就带有这样一种革新精神：教师走出了知识灌输者的角色定位，成为学生学习的帮助者和促进者。教师的价值更多地体现在如何设计教学内容支架及多元化的学习活动，以帮助学生自主建构知识体系，推动学生的自主学习和学生之间的协作学习。当学生学习遇到问题的时候，教师作为指导者随时为学生答疑解惑，成为学生的学习助手。翻转课堂要求教师转变角色，也对教师所需具备的教学技能提出了更高的要求，对于很多教师来说无疑是一种新的挑战。

在翻转课堂教学中，学生在家或任意地方（如学校操场、咖啡店等）通过观看教学视频进行自主学习，然后完成检测练习，对所学知识的掌握情况进行及时反馈。原有的学习策略用于翻转课堂显然是不合适的，必须加以调整。学习策略的调整需要遵循这样一条原则：新的学习策略的实施应该考虑学生的适应性问题，要警惕新的学习策略给学生学习带来负面的影响。在学生完成学习活动后，教师及时反馈也是必要的，这样学生才能从教师的反馈中知悉学习的不足，从而加以改进。

另外，了解学生观看教学视频后的作业完成情况对教师开展教学活动亦有大的作用。通过学生作业的完成情况，教师可以了解到学生学习中存在的各种问题，并整理全部问题，挑选出最典型的问题供学生在课堂活动中协作探究，帮助学生完成真正的知识内化，深刻地掌握知识。课堂活动时间的重新布局给了教师充分发挥自己教学特色的空间。教师可以根据自己对学习的理解，组织各种学习活动，使学生完成知识的建构。

翻转课堂中，学生是主动学习者和探究者，而不是传统课堂教学中知识的被动接受者。翻转课堂要求学生积极参与学习，在兴趣的引导下自觉完成课前的学习，然后带着问题积极参与课堂深入探究、小组讨论，总结学习成果，升华认知。这样，学生就成为翻转课堂中学习的主人，真正提升学习的质量，促进个性发展，达到学习最优化的目的。

4. 学习时间发生转变

教师在台上讲，学生台下听是传统课堂的一贯授课模式。而在翻转课堂中，课堂上的大部分时间用于学生讨论学习，教师有时候也会针对一些典型性问题进行集体讲解，但是这只用很少的时间。原来课上教师要讲解的内容则放在课下由学生自主学习，课上在对基础知识完成建构的基础上，师生有了更多交流互动的机会。教师应该根据学生课前的学习情况，设计用于学生课上自主学习和协作学习的活动情境，以激发学生自主、协作探究的意识和兴趣。

传统的教学中，反馈是不及时的。对于学生课下的学习成效，学生通过作业的方式提交给老师，教师批改学生的作业，通过作业的完成情况了解学生的学习情况，在上课的时候才能对学生进行反馈和查漏补缺。这种延迟，不利于学生的即时自我纠正及定位。在翻转课堂中，通过在线测试，学生可以即时了解自己的学习效果，更好地掌握知识和控制学习进度。

5. 教学资源多样化

教学视频是翻转课堂最主要的教学资源之一，大多是教师准备的5~10分钟的微课，可以由教师亲自录制，也可以借鉴网络上优秀的视频。与传统教学资源只局限于教科书和参考书不同，翻转课堂能够实现教学资源的多样化。在信息技术的辅助下，学生在观看教学视频时，如果发现视频中的教学内容难以理解，还可以利用网络资源查找其他教师的教学视频，这样可以及时攻克授课过程中的难题，提高教学效率。

6. 方便快捷地检测学习效果

为了检测学生自学视频内容的情况，教师可根据讲授内容，在视频的最后设置若干个检测试题，帮助学生检验自主学习的效果。若习题中出现了错误，学生可以通过反复观看教学视频找出出错的原因，也可以通过和教师或同学进行交流来解决问题。随着科技的发展，评价措施也在不断地改进。根据评价结果，教师能够随时随地及时掌握学生的学习情况。

7. 教学视频有利于学生对知识的复习巩固

根据艾宾浩斯遗忘曲线可知，时间越长，对知识的掌握量越少，及时复习对取得较好的学习效果是十分重要的。教学视频可以被学生长期保存。经过一段时间学习后，学生可以回过头观看之前的视频内容，对知识进行复习和巩固。视频的内容不会减少和改变，学生每次进行复习的时候，就好像又一次置身于真正的课堂上听老师讲课一样，能够达到较好的复习巩固效果。

（四）翻转课堂的教学优势

1. 利于构建和谐的师生关系

在翻转课堂上，教师不再是传统教学中课堂的主导者，而成为学生学习的引导者。翻转课堂需要教师花更多的时间去研究学生，更好地了解学生，清楚学生在学习过程中遇到的困难并及时提供帮助，以提高课堂效率，构建和谐的师生关系。

2. "翻转"能增加课堂的交流与互动

翻转课堂改变了学生与教师相处的时间和方式。在课堂上，教师将有更多的时间与学生进行互动，学生之间的交流也比以前大大增加了。翻转课堂教学提倡学生以小组的形式对所学内容进行探究，学生之间可以相互帮助，不再单纯依靠教师来获取知识。在这种教学模式中，学生通过课堂的交流与互动能够更深刻地体验到学习的乐趣。

3. "翻转"能实现学生个性化学习

学生的个性千差万别，学习能力和兴趣也不相同，翻转课堂使每个学生可以掌控学习的节奏，实现分层教学。在课下，学习能力差的学生可以反复观看视频以掌握教学内容；学习能力强的学生可以加快学习进度，以节省时间进行其他学习。在课堂上，教师将有更多的时间，帮助有问题的学生，进行一对一的辅导。

二、翻转课堂在化学教学中的应用

（一）翻转课堂与化学教学结合的可能性

翻转课堂可以在一定程度上解决化学课堂教学的典型问题。学界对化学教学中存在的问题已有深入的研究，其中在课堂教学方面比较典型的问题包括：部分学生兴趣和信心不足，部分学生存在焦虑感，部分学生的主体地位不明显，部分学生化学学习的内化环节缺失，部分学生的课后化学练习缺乏监督和评价，等等。即使很擅长调动学生学习兴趣的化学教师，也需要花费不少时间引入话题、介绍背景，导致学生化学练习的时间被压缩，使学生沦为"配角"。少数积极的学生容易"统治"小组活动，使多数学生沦为"看客"。即使教师尽量平均给予每个学生发言的机会，在一次课上也很难使每一个学生都发言，许多学生由于得不到教师的评价和反馈，难以有效地实现知识的内化。在课后，化学教师也很难检查学生是否有效完成了化学作业。而在翻转课堂模式下，课前学生既可在独立私密的环境下自学，又能和教师、同学在线交流。通过反复练习，学生在课堂上展示出来的是准备充分的、成熟的发言，有助于学生树立学习化学的信心。教师在课堂上可以把更多的时间和精力用于梳理知识、互评互助、合作探究、总结点拨、反馈评价等知识内化活动，弥补了实际参与度低、化学实践时间不足的问题，学生也得到了个性化的指导。在课后，教师可要求学生将化学作业上传到在线平台，实现课堂的延伸和对课外练习的监督，能把握不同班级、不同学生在课堂之外对知识的掌握程度和作业的完成情况。

（二）利用翻转课堂教学方法来进行教学，提高学生的创新能力

以往的化学教学过程中，教师主要是以提问的方式来引导学生进行回答，增加学生对答案的理解度，对化学知识点的深入研讨和分析关注较少，导致学生的学习积极性和创新能力较差。教师利用翻转课堂这一教学方法进行教学，可以充分利用课堂教学的时间来解决化学疑难问题。学生可以在课前预习时对不理解的重点和难点知识进行记录，在研究和分析的基础上，在课堂上与教师深入研讨，提高解决问题的能力。另外，从教师的角度来说，其在实际教学过程中可以利用翻转课堂教学时间来与学生进行交流，培养学生的独立思考能力和创新能力，提高学生的实践能力。

（三）利用翻转课堂教学方法来进行教学，增强学生的协作能力

教师利用翻转课堂教学方法进行教学时，要注意以下几点。

首先，要明确教学知识点，对问题进行筛选，利用多媒体资源引入化学新章节知识来吸引学生的注意力，增强翻转课堂教学的灵活性。

其次，在确立化学教学知识和问题的基础上，对学生进行协作教学，尤其是实验环节，教师把翻转课堂教学和分组教学结合起来，可以强化对学生的指导，增强学生的协作能力。教师在利用翻转课堂教学方法进行教学时，对学生小组进行划分，保证每个小组的人数在 3~5 人，要鼓励学生与同伴进行交流，在实际实验过程中及时对自身的操作方法和

行为进行检查并改进。化学学科理论性和实验性较强,与生活和自然现象联系较多,涉及许多化学物质及其变化,因此学生学习起来具有一定的难度,特别是对一些化学基础薄弱的学生来说,化学学习压力较大。面对这一形势,教师利用翻转课堂教学方法进行教学,能增强教学的灵活性,培养学生的创新能力和协作能力,提高学生的实验实践能力,满足新课程标准的教学要求。

三、基于翻转课堂的化学教学设计

(一)基于翻转课堂的化学教学设计特点

基于翻转课堂的化学教学设计不同于其他的化学教学设计,其特点主要表现在:知识学习的自主性,使知识的学习从被动到主动;教学设计始于课前,构建自主交流平台接收学生反馈,以促进接下来的课堂教学设计;课堂可以实现以学生为中心,以提出和解决问题为主要形式的师生面对面的交流;学习评价的多元化。翻转课堂理念下的化学教学设计更加关注学生三维目标的全面达成,尤其是针对学生的学习能力的提升。

在该教学设计思路中,教学内容分析、学生起点分析、教学目标设计以及教学评价设计都与常规的教学设计思路基本一致,因此,本部分重点阐释教学活动的设计思路,也就是课前教学活动设计思路以及课堂教学活动设计思路。作者认为,课前和课中的教学设计相辅相成,紧密相关。首先,课中的教学设计按照课前学生自主学习的反馈情况而定,因此,课前教学设计和学生学习的反馈是课堂教学设计的基础;其次,课前和课中的教学设计具有一定的层次性和顺序性,但是都要围绕教学目标来开展,因此,二者结合才能落实教学目标,获得有效的教学效果。

(二)基于翻转课堂的化学教学设计内容

1. 课前教学活动设计

(1)制作微视频等资源。翻转课堂中的自主学习资源多以微视频的形式呈现,但也并非局限于微视频一种形式,音频、PPT 等多种形式的运用更有利于学生的学习。

(2)发放学习任务单。学习任务单是教师设计的帮助学生在课前明确自主学习的内容、目标和方法,并提供相应的学习资源,以表单为呈现方式的学习路径文件包。一个好的学习任务单中应包含学习指南、学习任务、问题设计、建构性学习资源、学习测试、学习档案和学习反思等内容。这样，才能够引导学生独立思考、提出问题，而不局限于仅解决教师提出的问题。

（3）上传自主学习资源。教师将准备好的自主学习资料以文件夹的形式上传到班级群邮箱或线上云盘共享，方便学生随时下载并查看。

（4）构建师生交流平台。充分利用网络的优势，使学生在家可以通过留言板、QQ群、邮箱等网络交流工具与其他同学互动沟通，交流彼此之间的收获与疑问；同学之间能够互动解答，教师可以通过这一交流平台接收学生自主学习的反馈，并应用于课堂的教学设计中。

2. 课中教学活动设计

（1）知识梳理，发现问题。学生以小组为单位，将课前自主学习的内容分门别类地系统阐述，并提出组内同学存在的疑惑和问题。教师引导学生将知识点连贯形成体系的同时修正学生的答案，找出错误原因进行指导和小结。在这一环节中，学生会逐步提高自己发现问题的能力。

（2）合作学习，解决问题。基于课前学习存在的疑惑，结合教师布置的任务，学生以小组为单位采用组内对话和商讨的形式进行讨论。学习小组的划分遵从"组内异质、组间同质"的原则。组内学会的学生教没有学会的学生，基础好的学生指导基础差的学生；组间互相汇报，集中各小组的思考结果，共同完成对任务的探究。

（3）进阶作业，深化问题。在解决课前学习问题的基础上，教师提出具有一定思维容量的问题，或者以进阶作业的形式发放并由学生当堂完成。针对学生在测试中所出现的问题，由学习小组进一步讨论探究，促进知识的进一步内化。

（4）总结提升，建立联系。课前知识的获取和课堂知识的深化都是为了促进教学目标的达成。在知识维度目标达成的基础上，教师还需要进一步总结提升，增强知识之间的内在联系，将碎片知识整体化、网络化，促进学生能力、方法和情感方面的升华。

（三）基于翻转课堂的化学教学设计策略

1. 课前教学策略

（1）课前教学内容选择策略。学生的学习是循序渐进的。课前的自主学习主要是为了发现学生存在的问题，更有针对性地实施教学。但是，这并不意味着将所有的知识点都在课前呈现给学生。如果课前教学内容过难，学生会产生严重的认知障碍，甚至影响学习兴趣；课前教学内容过于容易，就无法培养学生解决问题的能力，也会给课堂教学带来更大的压力。课前教学内容量不在多，而在于教学内容的启发性和引导性，引导学生在获取知识的基础上完成教师设置的问题，并提出自己的见解和疑惑。只有这样，才能改传统教学中的"自主预习"为翻转课堂理念下的"自主学习"。把握课前自主学习的内容深度是翻转课堂教学中非常重要的环节。

针对微视频这一特殊形式的课前教学资源，在其内容选择上还要考虑哪些知识内容以微视频呈现更易理解等问题。微视频以短小精悍为主，因此不可能将所有课前内容一一呈现。作者认为，采用微视频呈现的课前教学内容应该包括：

①具有一定难度的内容。微视频画面以及语言的直观性有利于帮助学生将困难的问题简单化。化学中有很多关于基本原理的知识点，如反应原理、能量守恒定律等，这些知识点理解起来十分考验学生的抽象逻辑思维能力。除此之外，化学的微观世界看不见、摸不着，对学生的想象力提出了很高的要求。微视频的动态性和直观性能够将晦涩难懂的原理性知识点以及抽象的微观世界具体化，帮助学生进一步理解知识。

②规律性强的内容。技巧类、方法类的知识点，适合以典型例题的形式出现。这些内容如果采用微视频讲解的形式将更有利于学生的自主学习和理解，如氧化还原反应的配平规律等。

（2）课前教学资源开发策略。翻转课堂的教学始于课前，课前教学资源的开发与设计尤为重要。微视频和自主学习任务单是课前教学的重要资源。微视频的设计要注意以下方面：首先，视频的时间不宜过长，一般以 5~10 分钟为宜；其次，视频的内容要精炼，语言的组织和知识的讲解要流畅、准确；再次，视频内容要具有启发性，微视频中不仅要有知识点的讲解，更重要的是要有启发性的问题，能够引发学生的思考，在自主学习中解决问题的同时能够发现新的问题；最后，设计微视频时要注意区分知识类型，尤其是对一些学生不能自发建立概念的知识，需要灵活把握。

自主学习任务单的基本成分包含导学案、学习目标、资料支持、学法指导、自主学习检测。在设计自主学习任务单时，教师要注意任务单的作用是"任务驱动、问题导向"，不仅是为了配合微视频、教材的知识内容，还要以问题为主线、以任务为途径，帮助学生在完成任务时突破知识点。除此以外，自主学习任务单还要发挥其延伸功能，即在教材和微视频的基础上，适当添加具有思考性的问题，以便于后期排查学生的学习困难点。

（3）在线平台交流策略。与学生交流的能力是教师的必备能力。在线平台交流的目的是获取学生在自主学习过程中发现的问题。如何鼓励学生勇敢地提出自己的疑问是教师需要思考的问题。学生学习的方式多种多样，有的学生喜欢在网上与其他同学一起讨论，有的学生则喜欢直接请教教师，这就要求教师灵活把握。教师可以布置任务给班干部，负责收集学生提出的问题，并间接给予解答，也可以与学生在网上进行直接交流，必要时可以允许学生采取匿名聊天的形式提问。

2. 课中教学策略

（1）认知冲突策略。学生在学习新知识之前，头脑中就已经有了自己的认知，当接触新知识时，旧有的认知结构会对新知识的理解造成干扰，当旧有的认知结构不能解决新问题时，认知冲突就形成了。

学生是带着自己的经验来到课堂的，尤其是在翻转课堂中，学生的理解具有多样性，知识的表述和呈现方式各不相同，导致他们在课前的自主学习阶段理解到的知识，不一定都是科学、正确的知识，这就需要教师在课堂教学中善于设置认知冲突，在课堂教学的一开始挖掘和发现学生的这些不合理的认知，改变学生头脑中旧有的错误认知结构。

（2）问题解决策略。在课前自主学习中，学生存在的问题多种多样。教师要灵活把握问题的特征，采用不同的方法和策略讲解问题。针对具有普遍性的问题，也就是大部分学生都存在的问题，需要教师条理清晰地采用集中讲授的方式解决；而对那些个性化的问题，则应采用小组合作交流的方式，指导学生讨论解决；针对极个别学生出现的特殊问题，适宜采用个别化教学的策略。总而言之，在班级授课的前提下，问题的解决要根据问题出现的集中程度和重要程度做不同的处理。

（3）合作学习。合作学习是翻转课堂的教学策略之一，教师要选择合适的问题和时机，组织学生在课堂中合作学习，提高学生合作解决问题的能力。合作学习中，教师应重视以下几个方面：

①教师要按照"组内异质、组间同质"的要求，将学生分成若干个小组，这样的分组方式更有利于小组内的讨论和交流。

②选择合适的问题。小组讨论的问题难度要适中，可以选择在课前自主学习过程中比较有个性的问题，不宜选择大部分学生普遍存在的问题。

③力求每位成员的参与。在小组合作学习的过程中，学生的参与度不尽相同。为使每位成员参与，教师应明确小组成员的分工，给每一位组员提供发言的机会，也可以给予必要的奖励来激励小组合作。

第二节　高中化学 PBL 模式的应用

一、PBL 模式概述

（一）PBL 模式的含义

PBL 是 problem-based learning 的简称，中文一般译为基于问题的学习或问题本位学习。有关 PBL 的含义，不同的学者有不同的看法，目前仍存在很多分歧，有人认为 PBL 是指一种教学策略、一种以问题驱动的学习环境、一种课程，也可以是指通过真实或接近真实情境或案例的学习，让学生参与学习课程的一种方法。

由此可见，对于什么是 PBL，到目前为止没有统一的认识。但从内容、学习过程的控制特征方面来看具有一定的共性，概括看来 PBL 模式是把学习置于复杂的、有意义的、真实的问题情境中，通过让学生合作解决真实的问题，来学习隐含于问题背后的科学知识，形成解决问题的技能，并发展自主学习能力的一种新的教学模式。这种教学模式让学生在特定背景下通过协作学习解决问题，有利于学生学习兴趣的激发，并且有助于知识的情境化，让学生学会学习，学会解决问题，做到自主学习、合作学习、终身学习。

（二）PBL 模式的基本要素

关于 PBL 模式的基本要素，国内外研究者从不同的角度进行分析，综合各个看法，作者将 PBL 的基本要素简单地概括为三个：问题情境、学生和教师。课程围绕问题情境组织、展开，学生是致力于解决问题的人，而教师扮演的是学生解决问题时候的工作伙伴和学生解决问题过程中的指导者。高中化学与生活息息相关，较多素材都可以用于创设具有一定意义的问题情境。情境中的问题大多是劣构的，结构不明确，没有简单、唯一、模式化的解决策略和答案，是一种开放性的问题情境。学生处于问题情境中能多角度看待事物的环境，能激发探索的欲望，维持学习的兴趣，在强大动机的驱使下能识别问题的症结所在，积极地寻求解决问题的方法。同时能得到教师的指导，构建与后续学习的需要和联系，培养自主学习的能力。

PBL 中三大基本要素的关系如表 4-1 所示。

表 4-1　PBL 中三大基本要素的关系

教师	学生	问题情境
作为组织者、指导者： 1. 观察、引导、监控学习； 2. 鼓励学生积极思考； 3. 保持学生连续参与； 4. 监察、调节挑战的难度； 5. 促进学习顺利进行； 6. 组织问题后的反思	作为主动的问题解决者： 1. 自主地参与、合作、交流； 2. 积极、主动地建构知识	作为学生的挑战和动机： 1. 劣构、结构不良； 2. 有吸引力，能引起并保持学生学习的动机； 3. 当前与后续学习之间的桥梁

（三）PBL 模式的特征与优势

基于问题的学习是让学生在真实的问题情境中学习，把所学的知识、技能与生产生活实践相联系，围绕着解决一些具有劣构性的、真实的问题，而进行的一种有针对性和实践性的学习，能够平衡学生的需求、课程和特定学习情境的学习标准间的关系，有独特、优良的教学价值。PBL 模式的特征与优势如表 4-2 所示。

表 4-2　PBL 模式的特征与优势

特征	优势
1. 是一种以学习者为中心、学习小组为单位的教学模式； 2. 教师是组织者、合作者、引导者； 3. 创设开放性的教学环境； 4. 把问题作为教学的组织中心、学习的驱动力及学生能力发展的手段； 5. 问题是真实的、结构不良的、开放的、有意义的； 6. 在问题解决的过程中获得新的知识、发展能力； 7. 注重过程，真实的、基于绩效的评价	1. 强调有意义的学习，而不是对事实的简单记忆； 2. 问题驱动知识和能力的运用，促进更深入的了解，更好的能力发展； 3. 通过问题解决，增强学生的自主学习意识； 4. 小组合作学习，充分体现人际交往能力和团队协作能力； 5. 开放的学习环境有利于形成自发的学习态度； 6. 师生间、学生间的关系更融洽； 7. 提高学生的学习水平

（四）PBL 模式与传统教学模式的比较

PBL 的教学综合了发现学习、协作学习、自主学习以及范例学习等多种学习方式的特点，与传统的教学模式相比，在教师、学生、教学策略、媒体、评价方式、学习环境等教学的要素方面都发生了深刻的变化，如表 4-3 所示。

表 4-3　PBL 模式与传统教学模式的比较

教学要素	传统教学模式	PBL 模式
教师	1. 教学中的权威、主导者； 2. 教师独立工作； 3. 主要向学生教授已有的知识经验	1. 教学中的引导者、合作者、组织者； 2. 教师间相互支持、合作； 3. 以指导学生获取解决问题的策略、方法为主
学生	1. 被动学习，成为装载信息的"容器"； 2. 各自学习，相互竞争； 3. 主要是记忆并重复已有经验知识	1. 主动、积极参与学习过程； 2. 以学习共同体形式开展协作学习； 3. 强调知识的意义建构，以及各种能力的培养

教学要素	传统教学模式	PBL 模式
教学策略	一般以单一的形式传递信息给全体学生	个体与其他同学和教师建立合作关系小组协作学习，共同解决问题；学生在特定情景下自主收集信息，获取并应用知识；教师在教学中为引导者
媒体	主要为教师在讲授过程中向学生演示知识服务	主要作为学生获取信息、处理信息和解决问题的认知工具
评价方式	1. 以完成特定的学习任务来评定成绩； 2. 评价主体单一，教师是唯一的评价者，且按成绩把学生分成不同的等级	1. 不仅只有考试评价，还有多种灵活的评价方式； 2. 自我评价、教师评价以及同伴评价综合利用
学习环境	学习是以个人为中心的，是相互竞争的	学生在一种相互合作、支持的环境中学习

二、PBL 模式的理论依据

教育学、心理学的发展，为 PBL 的教育、教学改革提供一定的实践指导和理论支持，下面将从与 PBL 联系较为紧密的布鲁纳的发现学习理论、创新教育理论、杜威的实用主义教育理论以及建构主义学习理论四个方面进行概述。

（一）布鲁纳的发现学习理论

二十世纪五六十年代，美国知名心理学家布鲁纳提出了家喻户晓的发现学习理论，发现学习中教师和学生的角色有了很大的改变，其强调教师不是知识的陈述者和解释者，而应成为学生的助手和问题的提出者，帮助学生理解学科的思想和结构。学生应该是"思考者""发现者"，能在教师的启发引导下，利用教师或教材提供的材料亲自去发现问题的结论、规律，了解学科知识的结构。

布鲁纳认为发现学习是一种情境性的探索学习，具有以下几个特点：

（1）发现学习就是引导学生发现自己想法的过程，帮助学生运用自己的思维去学习。

（2）学生自主建构知识，使其成为自己的知识，教师应帮助学生把新知识同已有的知识结构建立联系，利用已有知识结构去建构新知识、发现新事物。

（3）自我激励式的学习，注重学生的内在动机，唤起学生主动建构的热情。

（4）采用共同建构的假设式教学，教师和学生相互合作、交流，学生积极地参与各种活动，在师生、生生合作中主动建构知识。

从发现学习的内涵、特点可以看出发现学习与 PBL 具有很强的联系，二者都强调学生积极主动参与建构自我的知识结构，要求教师不仅仅是简单地传授知识，而应该给学生提出问题，同时指导学生运用发现学习法或 PBL，让学生自己获得对问题的解决策略、解决过程的理解。综上可知，布鲁纳的发现学习理论对有效地落实教学具有关键的理论和现实的指导意义。

（二）创新教育理论

创新教育是以培养人的创新意识、创新精神和创新能力为根本目的实践教育，在学生综合能力的培养中强调创新素质的重要性。问题是知识向创新转化的中介，是创造的必要非充分条件，没有问题就没有创新，要保护和发展学生的创新性，首先要加强学生问题意识的培养。可以将创新教育看作以培养学生问题意识为起点的"问题教育"，始终围绕着问题展开，主要强调发现问题、提出问题、分析问题、解决问题的过程。培养创新型人才需要创新型课堂教学，才有可能把人的创造力最大限度地开发出来，一般来说，创新型课堂的教学有以下几个显著特征：

（1）课堂教学的前提为创新教育思想，并在创新教育观念的指导下，改变传统以"课堂、课本、教师"为中心的教学观。

（2）以创新为目的，摆正继承与创新的关系，体现创造性。

（3）以学生为中心，体现主体性，为学生提供充分参与教学活动的机会，让学生成为课堂的主人，教师不再是教学的"主导者"。

（4）以问题为中介，体现创新思维，让课堂教学始于问题，终于问题，让问题成为贯穿课堂教学过程的主线。

（5）以开放为特征，体现生命力，主要表现在教材和教学过程的开放，打开学生的思维。

从创新教育的本质及创新型课堂的特征可以明显体会到它与 PBL 理念的相似之处。PBL 教学模式具有创新型课堂教学的上述特征，改变了传统封闭式的学习环境，其教学活动富有开放性和实践性，学生是课堂的主人、活动的主体，让学生经历发现问题 – 分析问题 – 解决问题的过程，来培养学生自主获取知识、运用知识和创新知识的能力。

（三）杜威的实用主义教育理论

美国近代知名的实用主义教育家杜威，强调教育的社会必要性，认为教育要以社会生活为基础，反对以"课堂、教材、教师"为中心，鼓励把学生置于问题情境中，并帮助他们探究问题。实用主义理论直接支持了教学的发展。具体地说，包括以下几个方面：

（1）以儿童为中心。杜威的理论中重视儿童的主体地位，强调儿童自身所具有的能力和主动精神，主张要细心地观察儿童的兴趣，反对传统教育忽视儿童的兴趣、需要的做法，认为教育应以儿童为起点，教师扮演的是"合作者、帮助者和引导者"的角色。

（2）以社会为中心。依据杜威所持的"学校即社会"的观点，他选择与社会、生活、科学相关联的信息作为教材内容，创设一个社会性的开放结构作为课程结构。他认为书本上或者是教学中直接传递的知识为"惰性知识"，不应该成为学生学习的知识，只有在具体、真实的问题情境中去学习，知识才能被灵活运用，才富有实用价值。

（3）以活动为中心。杜威重视实践应用，认为儿童是社会化的积极学习者，所以教学应以为活动为中心，含情境、问题、假设、推理、验证五大要素，应唤起儿童的求知欲与兴趣，引导他们进行学习，培养他们各方面能力。教育是一种社会过程，而学校是社会生活的一种形式。

综上所述，可以明显看出杜威的教学思想与 PBL 的联系，杜威的教育理论直接支持了 PBL 教学的发展，同时也突出了 PBL 的特点，可以说它为 PBL 提供了哲学基础。

（四）建构主义学习理论

建构主义是认知学习理论的新发展，被视为对传统学习理论的一场革命，对当前的教学改革产生了十分深刻的影响。建构主义主张以学生为中心，重视学习的主动性、社会性和情景性，强调教师与学生间的交流协作。在知识观上，强调知识的动态性以及情境性教学。主张知识的吸收应该在学生结合个人经验背景的基础上自主建构，应结合具体情景深化了解知识的复杂性。反对简单地把知识当作固定的东西灌输给学生。

在学生观上，建构主义强调学生经验世界的丰富性和差异性，认为学生在过往生活、学习的经历中已形成了丰富的经验，因此他们在学习新知识时，对一些现象、问题都会有自己的一些看法，并不是毫无基础的。而有些问题即使他们尚未接触过，没有现成的经验，但面对问题时候，他们往往能够在以往的相关经验基础上形成对问题的某种合理的解释或推理。同时，在经验背景差异性的影响下，学生对同一问题会产生多种不同的看法，当他们共处于一个学习小组中时，相互间的交流沟通能促进他们多角度地理解、分析问题。所以，教师应该重视学生已有的经验的丰富性和差异性，并以此作为新知识的拓展点，引导学生从已有的知识经验出发不断提升自我。

在学习观上，建构主义强调学习的主动建构性、社会互动性和情境性。认为学习是学生主动建构知识的过程，而不是教师对知识的简单传授，教师的作用只是促进学习者自己建构知识而已。建构主义认为学习是通过对某种文化的参与，内化为相关知识和技能的过程，这一过程通常需要一个学习共同体的合作互动来完成，学习共同体的交流、互动和协作对于知识建构具有重要的意义。同时强调学习、知识和经验的情境性，即情境认知，认为知识不可以脱离活动情境而抽象的存在，应该与情境化的社会实践活动结合起来。

综上所述，建构主义强调学生是自己知识的建构者，对具体情境进行意义建构，建立新的知识网络，重视学习活动中学生的主体性，师生之间和学生之间的协作、交流，主张建立一个民主、宽松的教学环境。"情境、协作、交流、意义建构"作为建构主义教学模式的四个基本要素，这也正好是 PBL 模式的特征体现，因而可以说建构主义理论是 PBL 最强的理论支撑，为其提供了理论基础。

三、高中化学教学中应用 PBL 模式的优点及原则

（一）高中化学教学中应用 PBL 模式的优点

1. PBL 教学体现高中化学教学目标

仔细分析教育部发布的《普通高中化学课程标准（2017 年版）》可以发现，课程改革的目的是迎合时代发展的需要培养高素质的人才。高中化学课程改革的目标更加全面，不仅仅停留在学生掌握知识与技能的层面上，更注重学生学习化学的兴趣，重视学生科学素养、正确价值观及实践能力的培养。新课程的教学目标具有发展性，关注学生的未来发展，强调学生自主学习、合作学习、终身学习意识的培养。

PBL 教学强调以学习者为中心，通过创设开放性的学习环境，让学生充分参与化学教学活动，不仅能激发学生的学习兴趣，也有利于学生的个性发展。解决问题过程的相互协作、自主思考，有助于培养学生的情感态度和价值观，促进综合能力的培养。PBL 以问题作为学生学习的驱动力，围绕问题这个中心，创设和谐、民主的教学环境，提供更多的、有意义的、适用性强的相关教学资源，使学生参与到有意义的学习中来，有利于提高学生的科学素养。综上可以看出，高中化学教学目标与 PBL 教学目标大体上是一致的，了解并把握好上述目标对学生而言意味着学会求知、学会共同生活、学会做事、学会生存。

2. PBL 教学体现高中化学内容的特点

课程改革的一个根本目的就是要解决学校教育与社会生活、生产以及科学发现严重脱钩的问题，从而提高学生的综合素养、科学素质。化学是一门应用性很强的学科，和日常生活、工农业生产的联系十分密切，从解决实际问题开始组织教学是可行的。例如从学生

日常生活中见到的"钢铁腐蚀及防护问题"及接触到的"溶液"开始，从工业生产中"合成氨的实际转化率和如何提高转化率"以及"金属冶炼"开始，等等，课堂教学需从解决这些及其他一些日常生产生活中遇到的实际问题开始，让学生去发现问题、提出问题、收集信息、设计方案、解决问题并得出结论，教师应及时给予学生适当的、方向性的指导。高中化学内容涉及很多的概念、原理、规律等，往往因其高度的概括性、抽象性而使学生感到枯燥乏味、晦涩难懂，从而难以入手，影响了学习的情绪。因此，可把学生所要学习的知识与他们周围的现实生活联系起来，从中发现问题，最后确定需要解决的问题。为使教材更加生动活泼，新课程改革后在高中教材中设置了大量的探究课题，强调改变传统教学中学生被动接受知识的状态，鼓励学生主动地探究学习。所以可以问题为突破口，以学生为主体，让学生收集资料，设计相关的探究实验，有利于知识的迁移、运用，为真正改变教材与实际生活的脱节提供可实现的具体途径。

3. PBL 教学符合高中生的学习特点

在高中阶段，学生的认知结构发展基本完整，认知能力不断完善，思维能力更加成熟，能脱离外部表现的束缚，通过现象揭露对象的本质特征。面对问题，能从多角度全面进行分析，明辨主要问题与次要问题，能考虑到各种不同情况，做到具体问题具体分析。

在高中阶段，学生的抽象思维、逻辑思维、辩证思维快速发展，其能力大幅度提高，思维更具目的性、方向性，思维过程更加灵活。能用多种法则、公式、原理去解决新问题，能运用理论假设进行思维，遵循提出假设、设计实验、验证假设的一般过程解决问题。

高中学生生活经验丰富，生活常识与科学知识逐渐累积，能更深刻地了解事物之间的内在联系，思维具有更强的预见性，迁移运用能力增强，能产生更多不同的想法。同时高中生能够有意识地进行自我反省、自我控制，促进了思维的正确性、高效性。

高中阶段学生思维、认知的特点，自我意识的发展以及丰富的生活经验，都表明 PBL 学习对高中生来说具有很巨大的应用空间。

（二）PBL 模式在高中化学教学中应用的基本原则

1. 主体性原则

PBL 模式强调在化学教学中要充分重视学生的主体地位，从问题的发现到问题的解决这一过程中，都要求学生主动参与。学生是问题的解决者和意义建构者，教师只是扮演问题解决过程中引导者和协助者的角色，提供学习材料，引导学生学习，监控整个学习过程，使化学教学顺利地进行。要提倡师生间、学生间的交流与合作，充分发挥班集体促进学生主体性发展的作用。

2. 全面发展性原则

化学教学要促进学生的全面发展，PBL 模式在应用时，要充分重视从学的角度思考教学问题，关注学生主体性、创造性、自主性的全面协调发展，让学生在获取知识与技能的同时思维、能力、情感都得到培养，在教学中实现学生自身的全面发展。

3. 情境建构性原则

PBL 是基于真实问题情境的学习，让学生在有意义的、复杂的、真实的情境下学习，同时为他们提供相关的材料，在学习过程中给予及时的指导。问题是学习的开端，所以问题情境的构建对教学的顺利进行及教学的有效性起着决定性作用。化学是一门以实验为基础的学科，并且与社会生活、生产息息相关，教师应以化学教材内容及其特点为基础，以生活生产实践为背景，创设真实的问题情境，使知识问题化，问题情境化，学生由疑而提出问题，产生求知欲，进而解决问题，从而深入地理解教材。在问题情境的互动教学中，每个学生在原有的知识经验的基础上不断将知识与技能、过程与方法、情感态度与价值观整合在一起进行自主建构，从而实现学生各方面素质的协调发展。

4. 预设性与生成性相融合的原则

在化学教学中运用 PBL 模式，更加注重学生的主体地位，强调师生间、学生间的交流与协作，这导致互动过程中产生许多无法预期的结果。再好的预设与课堂实施之间也必然存在着一定的差距，当教学过程中有偶发的事件时，教师应把握课堂教学中闪动的亮点，根据实际情况积极地进行引导和指导，推动教学的动态生成，使教学更加灵活机动。所以要有效地实行高中化学教学，必须做到预设与生成的有机融合并且及时反思，使二者相辅相成。

四、PBL 模式在高中化学教学中的运用及其案例

PBL 学习一般有下面几个基本流程：

（1）从问题出发，教师根据教学目标、教学内容、学生情况来创设一定的问题情境，学生通过分析问题情境明确所要研究的问题。

（2）确定学习小组，对问题进行深入分析，明确关于问题的相关信息哪些是已知的，

哪些是未知的，小组成员进行任务分工以获取所需的信息、制定研究计划和安排任务。

（3）学生对所收集的信息进行分析、整理，交换意见，思考解决方法，提出可行的解决问题的途径。

（4）总结、反馈，确定及展示成果，评价基于问题的学习过程及结果，总结所学的知识。将 PBL 应用于高中化学课堂教学中，学生是问题的发现者，是知识的建构者，是致力于解决问题的人；教师是教学过程的组织者、促进者，学生认知和元认知上的指导者、引导者而不仅仅是知识的传授者；教材所提供的知识不再是教师传授的内容，而是学生主动建构意义或创新的对象；学生的学习活动贯穿着两条线索：问题解决和获取新知，围绕发现问题 – 分析问题 – 解决问题这条主线展开。

具体来讲，PBL 模式在高中化学教学中的运用可如下概括。

（一）创设问题情境，形成主题问题

PBL 模式把学生置于有意义的、复杂的情境中，学生是致力于解决问题的人，通过分析问题、解决问题进行一种有针对性、实践性的学习，问题情境是这种学习的组织中心，它激发并维系着学生的兴趣。问题情境在 PBL 教学中具有关键意义，良好的问题情境一般应该具备以下特征：

（1）创设问题情境与实际生活有联系，所涉及的问题在学生认知的最近发展区内，且学生针对问题情境，可进一步提出更多明确的问题。

（2）问题情境能激活学生头脑中已有的知识，增强学生头脑里知识的可取性，并推动他们去学习新知识，把所学知识与实际应用联系起来。

（3）提出问题的方式要能引起学生的兴趣和好奇心，提出的问题如果大家合作，解决问题的效率应该是提高的，而不是降低的。

（4）良好的问题情境中的问题应该是劣构的问题。问题是复杂的，没有一个固定的解决模式，有多种解决办法，也有多种答案。

基于以上情境创设的特点，教师创设问题情境时还需要分析学习内容，了解学生原有的认知水平及生活经验，确定科学、合理的课堂教学目标，还要对学生的学习环境进行分析。创设真实、有意义的问题情境，形成主题问题，主题问题应该是劣构的而非单一的，能吸引并推动学生持续地研究，明确主题问题的价值所在及与学科知识的联系，进一步判断该情境是否与教学目标、学生的现状相关联，在当前课堂环境下是否有可能解决这个主题问题，学生在学习中能否获得思维策略、解决问题的策略以及对以后的实际生活是否有帮助。最终可根据学习环境的具体条件、学生的认知习惯选择某种恰当的形式来呈现问题。创设问题情境环节中 PBL 模式在"铝及铝合金"课堂教学中应用的实例分析如表 4-4 所示。

表 4-4　PBL 模式在"铝及铝合金"课堂教学中应用的实例分析
（创设问题情境环节）

环节	PBL 模式在"铝及铝合金"课堂教学中的应用	设计思路分析
创设问题情境，形成主题问题	问题情境： 铝元素在人体内积累可使人慢性中毒，1989 年世界卫生组织正式将铝确定为食品污染源之一而加以控制。近年来，也有研究人员发现铝具有神经毒性，可能是阿尔茨海默病的病因之一。虽然铝制品与阿尔茨海默症的关系至今未完全明确，但从预防观点出发，最好减少铝元素的摄入。而中国疾病预防控制中心的监测数据显示，中国居民日常膳食中铝的含量较高，已经成为威胁健康的隐患。 主要问题： 该如何正确使用铝制品，减少铝元素的摄入呢？	根据课程内容标准"铝及铝合金"这节课的主要内容为了解铝的重要性质，包括：掌握铝与酸、碱的反应；掌握钝化现象；了解铝热反应；了解铝的用途。要求在课堂环境下，能够实现通过实验探究，理解铝的重要性质。 从学生的角度分析，他们对铝有了一定的感性认识，学习了典型金属元素和非金属元素及其化合物的性质，初步掌握了元素化合物学习的一般方法，具备了一定的实验探究能力。 因此，从基于问题化的课堂教学设计理念出发，考虑本课时的教学内容、教学目标、学生学情，设计相关问题情境，形成如何正确使用铝制品的主题问题，让学生从生活走进化学，从化学角度改善生活，调动学生学习化学的积极性。

（二）确立学习问题

PBL 教学常以问题开始，为了细化问题促进解决，作者将 PBL 中的问题设计为两层：主题问题和学习问题。学习问题的界定要避免只是从"主题问题"中简单地分化出可供学习的子问题，学习问题的确定要考虑多方面的因素。因为某些客观条件的制约，学生并不能完全自主地选择自己的学习问题。但能够保证的是，学生确定的学习问题一定是在考虑本身实际情况的基础上，从有限的子问题中选择出来的。学生最终确认的学习问题应满足三个条件：必须要有明确的知识欠缺；对学生所产生的知识欠缺具有至关重要的作用；教师在帮助学生发现知识欠缺后，不需要做出及时的补充，而是要逐步引导学生进行独立学习。

学生针对问题情境下的主题问题可以进一步提出一系列子问题，教师根据这些子问题与教学内容和教学目标、学生原有知识经验和认知水平的相关度，以及在课堂环境下探究的可能性，引导学生确定子问题中可能指向关键性概念的问题，能够达到教学目标的问题作为学习问题，并且对所确定学习问题进行分析，激活学生已有的和学习问题相关的知识，明确已有知识与新学习知识之间的关系。通过学习问题的解决，推动学生有目的、有成效地学习，掌握知识，发展技能。需要注意的是，学生解决问题时缺少的知识和技能才有可能成为学习问题。确立学习问题环节中 PBL 模式在"铝及铝合金"课堂教学中应用的实例分析如表 4-5 所示。

表 4-5　PBL 模式在"铝及铝合金"课堂教学中应用的实例分析
（确立学习问题环节）

环节	PBL 模式在"铝及铝合金"课堂教学中的应用	设计思路分析
确立需要解决的问题	确立学习问题： 1. 在日常生活中见到过哪些铝制品？推测铝可能具有的性质。 2. 铝很活泼，可利用铝热反应焊接铁轨，但生活中一些铝制品（如铝锅、铝饭盒等）却不易锈蚀，铝槽车可用于运输浓硫酸、浓硝酸，为什么？ 3. 使用铝制品时，铝元素是通过哪些途径被人体摄入的？	根据"正确使用铝制品，减少铝元素的摄入"这个主题问题，引导学生学会分析问题。要解决主题问题，需要了解铝制品在生活中的广泛应用的领域和原因，以及铝元素是通过何种途径进入人体的。引导学生确立学习问题时，教师应该明确学习问题与所要学习的化学内容、达到的教学目标的联系，可以通过学习问题的解决，来实现教学目标。

（三）收集资料解决问题

由于一些问题具有一定的复杂性，学生需要以小组为单位进行学习。学生自愿分小组，教师适当调整，优化小组结构，确立学习共同体，分组进行交流讨论，弄清楚对需要解决的问题他们已经知道些什么，还需要去学习些什么，缺少哪些资源。对所需要的信息与资源，学生可以通过多种途径收集资料获取信息。小组成员之间、小组与小组之间在学习过程中可以相互共享资源，相互交流想法，相互鼓励和沟通。

教师应为学生提供具有指导性的材料或资源，帮助学生理解学习问题，方便学生自己收集信息，促使在课堂学习环境有限的时间、空间、资源的条件下，可以推动学生更有效率地解决问题。

当小组各个成员觉得所收集到的信息、资源能够回答或解决问题时，就可以对所收集到的信息进行整理、分析，交换意见，思考解决方法，提出可行的解决问题的途径，然后可通过实验探究等方式进行验证。收集资料解决问题环节中 PBL 模式在"铝及铝合金"课堂教学中应用的实例分析如表 4-6 所示。

表 4-6　PBL 模式在"铝及铝合金"课堂教学中应用的实例分析
（收集资料解决问题环节）

环节	PBL 模式在"铝及铝合金"课堂教学中的应用	设计思路分析
收集资料解决问题	将学生分小组，确立学习共同体，分组进行讨论，设计解决问题的途径。 学习问题 1 的解决：根据铝的用途，分析归纳出铝单质的化学性质。 学习问题 2 的解决：根据铝的活泼性，设计铝与氧化铁的反应，了解铝热反应及其用途；根据铝的活泼性与其广泛应用的冲突，学习铝表面有致密的氧化膜的相关知识，并将铝箔在酒精灯火焰上加热，观察实验现象，验证氧化膜的存在。根据铝槽车运输浓硫酸、浓硝酸的现象，设计铝分别与浓硝酸、浓硫酸反应的实验，观察实验现象，掌握钝化现象。 学习问题 3 的解决：收集铝制品使用的注意事项，模拟生活、生产中铝在不同环境条件下可能发生的反应，设计铝与浓盐酸、氢氧化钠的实验，观察实验现象，掌握铝与酸、碱的反应。	根据所确定的学习问题，引导学生分析要解决问题，他们已经具备哪些知识，还缺少哪些资源。为学生提供相关的资源和指导性材料，帮助学生自行寻找、搜集所需信息。在学生收集资料、设计解决问题途径的过程中，教师要注意观察学生的表现，发现这过程中的生成性信息，以问题的形式指导学生关注关键性知识。

（四）成果展示，全面评价

在确定及展示成果时，切忌片面强调问题解决的最终成果的重要性，应明确最终成果是问题解决过程的集中体现，以此来增强学生解决问题的动力，注重解决问题的过程。为收获满意的成果，小组成员间解决问题的驱动力加强，能够积极互动、交流协商。成果是问题解决过程的集中体现，组织学生以适当的形式展示小组解决问题的收获及结论，一般来说展示的内容主要包含：最终成果展示、小组活动计划、任务分工以及解决问题过程中的闪光点等。需要注意的是，成果应当是真实的，是小组成员协作探究学习问题、解决主题问题的过程中所获得的真实结论。

PBL 中的评价在一定程度上反映学生的学习表现，是为促进学习、改善学生学业表现服务的，应强化评价的激励与发展功能，不能单纯判断学生的成绩，要善于通过发现问题、解决问题、收集资料以及实验探究过程中的各种活动对学生进行全面评价，要重视对知识建构过程的评价而不只是对结果的评价，要综合教师的评价、学生自己的评价、学生之间的评价，不能偏其一二。除了对学生的表现与成果进行评价之外，还要评价问题本身以及教师利用问题的效果。

新一轮的基础教育课程改革正在我国全面而深入地开展，实现素质教育的核心是创新教育。教育改革趋向于要改变教学过分注重知识传授的趋势，增强课程内容与社会生活、生产及科技发展的联系，提倡学生积极、主动地参与学习活动，重视学生综合素质的全方位发展，促使学生在基础知识与技能得到提升的同时能形成正确的人生观、价值观。但受传统教学模式的深刻影响，课堂教学中实施素质教育并未充分发挥出预期的功效，课堂教学中学生的主体性不突出,"灌输式""接受式"等教学现象仍很常见,导致最终的教育效果差强人意,不甚理想。也正为如此,作者认为广大高中化学教学同仁更应当立足于自身的实际情况同时结合高中化学教学的特点,灵活而巧妙地将 PBL 教学模式运用到实践之中,以探索一种适用于高中化学教学的教学新模式。

第三节　高中化学微课课堂的构建

一、微课展示形式与化学实验设计的契合

化学是一门以实验为基础的自然学科。科学规律是通过对自然现象的发现、探究和反复实验验证形成的,所以掌握正确的实验方法及完成化学实验所必备的技能是学好化学知识的关键。

化学实验是化学学科的基础,也是高中化学课程及化学教学的重要组成部分。不论是教材必修内容还是选修部分,都将化学实验作为学生获取化学知识、培养学生思维能力、提升学生学科素养的重要途径。

在传统的课堂实验演示过程中会出现许多不确定的因素,比如出现异常实验现象或者实验现象不明显的情况,而且有些实验装置不便在课堂上搭建,有些化学物质对环境有污染、对人体有伤害,不利于环保,存在很大的安全隐患。同时,教师演示实验时都是在讲台上进行,这样坐在教室后排的学生就无法看清实验操作和实验现象,从而失去学习兴趣,降低学习效率。课堂教学不会重复教授同一节课,学生通常只有一次观看演示实验的机会。

为了改善教学方式方法,有的教师通过使用 Flash 动画制作的实验视频或化学实验类 App 给学生展示化学实验,但是这些动画实验不利于提升学生的实验操作能力,有些动画实验对实验现象描述不准确甚至错误,这些都严重阻碍了学生化学学科素养的提升,导致学生在实验类题目中的作答似是而非,漏洞百出。

所以化学实验必须以真实的实验进行教学。教师可以将教材中的演示实验录制成视频,通过视频编辑软件对实验中的各处细节配以文字注释、语音讲解,这就形成了一节很好的微课视频。化学实验微课视频的内容需要包含:实验仪器的使用方法、仪器搭建、装

置用途、实验目的、操作步骤、实验现象、结论分析、注意事项、归纳总结等。这些都需要规范的讲解和详细的注释，来帮助学生组织出严谨、准确、完整的化学语言。

在教学的过程中播放微课视频，可以减少课堂演示实验占用的时间，降低实验风险，杜绝课堂演示实验过程中的不确定因素，学生可以反复学习微课视频，强化对规范实验的操作以及实验现象的观察。教师也可以将教材中的探究实验以及部分趣味小实验录制成实验视频，用于提高学生的化学学习兴趣和实验操作水平。

将演示实验做成微课视频，通过网络发布给学生，学生就可以提前学习，反复学习，强化对化学实验的认识，利用视频的暂停和放大功能，学生可以更加仔细地观察，教师也完全做到了"随时随地、一对一、无限重复"的教学辅导。学生通过几分钟的观看学习，很快就会对化学实验有基本的了解和掌握。新媒体成为教师教学的得力助手，帮助教师更有效率地教学，促进学生更有兴趣地学习。

虽然化学教师都知道实验教学有不可替代的重要性，多数实验也进入了课堂，但是由于实验条件等因素的限制，有些实验现象不明显或实验不安全，有些化学实验在课堂中无法很好地操作或实验操作不能达到预期的效果，现在教师就可以利用微课资源边播放边讲解，再现实验过程，简化课堂教学中的重难点。

二、微课设计理念与化学知识分布的契合

化学学科在高中阶段的教学地位比较尴尬：教学的重视度不如物理，课时较少、教学时间紧张；学生的得分率不如生物，学生学习积极性不高。化学学科知识点"零、杂、碎、多"，学生不易掌握且注意事项较多，教师如果不能对学科知识进行有效整合，实现有效教学，化学学科想要取得优异成绩相当困难。在化学学科高考考试说明中一共涉及 300 余个知识点。虽然化学学科知识点总量大，但是每一个知识点都比较简单，知识点之间又多有联系，这一点与微课的设计理念非常吻合。

利用微课教学分散知识点、降低教学难度、进行针对性学习，可以使学生将所学的知识进一步巩固和深化，对已学过的内容进行综合、归类和转化，同时也可以帮助教师实现高效的化学教学。优秀的学生可以利用微课资源进行深度学习和超前学习，基础相对薄弱或者接受相对较慢的学生，可以利用微课资源将知识慢慢消化吸收。

微课教学方式的引入，改变了以往的教学方式，学生的学习方式和学习习惯也随之改变。微课把知识点"化整为零"的设计思想与化学学科知识"零、杂、碎、多"的特点恰好吻合；微课"短小精悍"的设计思路与学生可以支配的零碎时间非常契合；化学实验的

重现更符合微课的使用特色；以微课的形式进行化学学科课后辅导，既承认和尊重了学生的差异性，又消除了学生的差异性带来的负面影响。作为信息时代的产物，微课的出现改变了以往我们对于教学形式的认知，微课这种新兴事物更容易被现在的学生接受和认可，以微课教学的形式在高中阶段进行化学学科教学辅导必然有更广阔的前景。

三、微课在化学实验教学中的作用

受到传统教学理念的影响，有的教师在高中理科实验教学中采取灌输式的教学方法，通过口述和板书的形式对知识进行讲解，不停地向学生灌输相关的理论知识，教师在讲台上奋力讲解，学生在讲台下努力记笔记，导致学生一直处于被动的学习状态，无法充分发挥其主体地位，课后再通过题海战术完成教学任务，没有给学生留下思考、内化的时间，最终导致的结果是学生逐渐丧失对学科知识的学习兴趣，从而无法取得良好的学习效果。因此，教师在理科实验教学中应用微课导学策略时，应注重为学生创建良好的教学情境，其目的是激发学生的实验兴趣，使学生积极主动地参与到课堂教学中，让学生针对相关问题进行自主探究，使学生的学科综合能力得到提升。

高中化学课程和其他学科有着很大的差异性，化学是一门以实验为基础的学科，实验教学在化学学科中的比重较大，不做实验或少做实验，都会影响化学教学。化学实验教学是化学学科体系的重要组成部分，能够培养学生的动手实践能力，也能够让学生养成理性分析问题、尊重客观事实的科学精神，还有利于培养学生学习化学的兴趣和勇于探索的科学精神。许多重要的理论知识都是通过化学实验获得的。

教师将所要教授的化学实验录制成微课视频，抓取核心内容，配上旁白讲解，应用于化学实验教学，发布给学生，通过微课资源辅助学生化学实验的学习，可以大大提升化学实验教学效果。

微课教学很好地协调了化学教学中的以下方面。

（一）微课在化学实验教学中展示化学史的发展

化学史的教学是化学教学的重要组成部分，化学史的教学对学生掌握化学的发展规律、启迪科学思维、训练科学方法、培养创造精神以及思想品德教育等方面都具有一定的教育功能。

利用微课教学向学生展示原子结构模型的演变历程，先介绍道尔顿的原子学说观点，再到英国科学家汤姆森的"葡萄干布丁"原子结构模型，最后阐述英国物理学家卢瑟福的

"带核的原子结构模型"的论证过程。学生通过微课，能够更好地理解原子的结构，学习科学家探究原子结构的过程和方法，即依据实验事实提出模型→实验中出现新问题→为了解释新问题提出新的模型。

（二）微课在化学实验教学中能提供安全有效的实验环境

就目前的教学现状来看，教师和学生对实验教学逐渐重视，教师已经在课堂中对大部分的实验进行演示实验或者组织学生分组实验。但是由于化学实验自身原因，比如有些药品具有毒性或腐蚀性，或实验过程存在不安全的因素，做实验时有一定的危险性，教师必须承担一定的教学风险，不免存在畏难情绪。多数教师将这部分的实验教学改为通过黑板实验的形式对学生进行教学，甚至有些实验过程是通过口述的方式阐释，这会对实验教学造成一定影响，弱化了实验教学效果。对这些化学实验，学生不能体会到真实的实验情境，对物质性质和实验过程理解不透彻，学生凭借死记硬背的方式完成化学实验的学习。这样的教学方式不仅效率很低，而且也无法实现学生思维能力的拓展，更不利于教学质量的提升。

通过播放微课视频展示化学实验，代替这些存在安全隐患的实验，学生就可以安全地、近距离地、反复地观看实验视频，也可以更清晰地观察到正确的实验操作，这样不仅优化了化学实验教学，达到演示实验的效果，而且也使实验带来的污染和危险降到了最低。微课在有效提高课堂教学效率的同时，也有效拓宽了实验教学渠道。

（三）微课在化学实验教学中能节约时间

高中化学以实验教学为主，对于化学课本中的探究实验、操作简便的实验、现象明显的实验，都可以组织学生分组实验，通过学生亲自动手实验的方式进行学习。但若是将学生带进实验室，让学生主动去探究学习，大多时候不能保证教学的顺利完成。

首先是学生课前预习不充分，对实验目标不明确，实验原理不清楚，对于有些仪器的使用和药品的性质不熟悉。其次是学生在实验室纪律性较差，尤其是高一年级的学生，进入实验室后会表现出强烈的好奇心，从进实验室的兴奋，到实.验课堂上的忙乱，教师把很多时间浪费在课堂纪律的维持上，这直接导致实验操作时间减少，分组实验教学效果不理想。

一般在学生分组实验之前，教师都会详细讲解实验步骤，强调实验注意事项，重复提醒安全问题。在分组实验时，有的学生习惯性地按照教师设定的实验方案进行各种实验操作，在实验过程中"照方抓药"，被动地去完成实验操作步骤。学生在实验过程中仅仅起到搬运工的作用，不知道每一步实验操作的目的是什么，无法达到预期的实验教学效果。有的学生没有牢记实验步骤，仅凭借印象完成实验操作，实验效果不理想。还有些学生由于好奇心的驱使，随意把玩实验器材，会发生这样或那样的意外。

另外，实验课不同于理论教学课，课后复习没有条件，学生只能凭借模糊的记忆和文字描述，理解实验仪器的操作和实验现象的描述，很难完成相应的学习任务。

因此将微课教学引入实验教学中，可以提供另一种教学思路。课前通过微课让学生了解实验室的规章制度，以及实验室仪器的正确操作方法，这样在进入实验室后，就会减少学生因为好奇和新鲜感而扰乱课堂秩序的现象。对于时间较长、操作复杂的实验，如铁生锈条件的探究实验，不可能在课堂上完成，教师可以事先录好微课视频，让学生在实验前观看相关微课视频，还可以根据自己的教学需要，在整个实验教学过程中穿插注意事项。学生课前对实验过程有所了解，可以提高分组实验中时间的利用效率，课堂上有更多的时间进行实验操作，教师也能够拥有更多的时间与学生互动交流，为学生解答疑惑，集中时间处理主要问题，实现课堂教学效率的稳步提高。同时也可以利用微课来辅助课后复习巩固。

通过化学实验可以激发学生对化学学科的学习兴趣，在实验的帮助下能更深刻地了解化学概念和相应的反应原理，在实验操作的过程中能掌握相关操作技能，在小组合作中体验团队的重要性，在实验过程中体会科学的实验态度和严谨的科学思维，提高学生的化学学科素养。

（四）微课在化学实验教学中提升学习的趣味性

传统的化学实验探究教学具有很大的局限性，即便选择在教室进行演示实验，效果也不尽如人意。教师在讲台上进行实验的时候，只有距离讲台较近的学生才能看清实验操作和实验现象，而距离讲台较远的学生由于看不到演示实验，很容易失去学习化学的兴趣，学生的好奇心难以被激发，学习动力不足。为了避免这些情况的发生，教师可以尝试引入微课：

（1）课前引导，学生提前利用微课进行预习，可以引发学生探究知识的欲望，锻炼学生的观察能力，提高学生的实验技能水平，为下一步的课程安排和教学做好铺垫工作。然后再进行实验教学时，学生已经熟悉实验过程，在动手能力方面能起到事半功倍的效果。

（2）课堂播放，不仅能激发学生的学习兴趣，而且能让学生有亲切感，之后将实物或直观教具展示给学生，或借此进行规范实验操作，让学生有机会反复揣摩，对强化学生的应用能力，更深入地理解化学原理，增强学生的应用能力都起到了促进作用。

（3）课后巩固，实验教学对学生来说，不再是"一遍过"，学生课后可以根据需要反复学习微课视频，以增强对化学实验的理解和巩固。

兴趣是最好的教师，学生一旦产生了兴趣，对教师来说也就省去了组织教学的过程。而微课资源就能够提供有趣的视频材料，创设新奇的情境，突破时空的限制，增加信息的容量，激发学生探究化学实验的兴趣，调动他们学习的积极性。

通过微课教学，不但将化学的美丽展现出来，而且使微观世界走上"可视化"的道路，将化学反应的过程用艺术的方式展现在学生面前，从而使化学实验探究教学变得更具趣味性，给学生豁然开朗的感觉，激发了学生的实验探究意识和学习的热情。学生不但理解了化学学科的知识，更是通过微课进一步领略了化学科学的魅力，探索的兴趣不断激发，从而喜欢化学，热爱科学。

（五）微课在化学实验教学中展示微观世界

宏观辨识和微观探析是中学化学核心素养的重要组成部分，对于刚刚接触化学学科的学生来说，受到认知能力、想象能力的限制，对于微观的分子、原子、离子的空间关系、运动状态难以想象，导致不能真正理解物质的性质与结构。这些问题也是教师教学和学生学习的头号难题。很多化学知识都拥有微观特征，神秘的微观世界看不见、摸不着，难以描述、难以想象，让教师表述起来十分困难，也令学生学习起来十分吃力。尽管课本中有图片和文字解释，然而学生还是不容易理解，给学生学习化学带来很大的困扰，如何引导学生建构微粒概念是教学的重点。

微观世界的神秘感，又使多数学生渴望对其加深了解，微课资源的出现正好解决了这个问题。化学教师可抓住学生这种矛盾心理，因材施教，在教学时充分利用微课资源，在微课辅助课堂教学的过程中，通过播放动画、图片等形式将物质中的微观粒子结构关系、化学键的形成断裂展示出来，将抽象的、难以理解的化学知识和复杂的观念具体、形象地展现出来，辅助学生探索微观世界的奇妙，促进学生对微粒构成物质的掌握，突破教学重难点。

此外，微课应用于微观视角的实验教学中后，不仅能加深学生对物质微观世界的理解，也有利于对教学资源的有效整合，还有利于学生突破重点和难点，最大限度地帮助学生建立直观印象，激起学生探究微观世界的兴趣，逐步让学生在脑海中对所学知识产生深刻印象，使学生高效学习。

对此，在教学难点突破方面，教师要帮助学习者建构微粒观概念，充分认识微课的作用，将其巧妙、合理、科学地应用到教学中，确保课堂教学任务顺利完成。在微课中，极微小的原子、分子都是可视的、富有生命力的。微课视频资源的展示效果，让化学教学富有生命力。

通过视频软件的制作将化学物质微观世界的结构变化、分子运动进行形象表述，给微观世界赋予了生命力，不仅使微观世界变得更加直观与形象，使学生能够观察理解，降低了学生学习微观世界知识的难度，也提升了学生的学习兴趣，使学习变得轻松有趣。因此，微课在高中化学中的应用，能够突破微观世界的限制，为学生提供通往微观世界的渠道，帮助学生更好地理解化学知识的难点与重点，提高化学教学的效率与质量。

（六）微课在化学实验教学中展示化学实验过程

在传统教学中，教师演示实验是在讲台上完成的，而且每上一节课只演示一遍实验，坐在班级后排的学生，就无法准确地观看实验操作和现象，从而失去学习兴趣，降低学习效率。为了更好地发挥实验教学的作用，教师可以将实验过程录制下来，或者从网络上搜集实验视频，利用微课的重复播放以及放大等功能，为学生展示实验的过程，让学生能够仔细观察实验现象。同时，微课的使用还能够减轻教师的教学压力，减少实验材料的浪费。

实验是化学的灵魂，学生的化学知识大多来源于实验。微课将化学知识以一种直观且新颖的动态方式展现在学生的面前，帮助学生进行学习，不仅可以解决实验耗时的问题，还可以激发学生对化学的学习兴趣。

（七）微课在化学实验教学中展示破坏性实验

很多化学实验都具有一定的危险性，在班级演示或实验室操作都具有一定的风险。但是正确的实验操作往往不能引起学生足够的重视，如果这些实验的注意事项只通过教师讲述，学生是不能深刻理解的，无法认识到规范实验操作的重要性，同时也会引发学生的好奇，增加意外发生的风险。

为了加深学生的印象，可以制作错误操作的破坏性实验微课，尤其是造成严重不良后果的化学实验，学生在观看微课之后可以加深对正确实验操作的印象，增加学生对规范实验操作的重视度，减少安全事故的发生。但是这些实验不能在课堂内演示，更不能让学生亲自完成，微课就可以肩负这项任务，既安全又能取得较好效果。通过微课进行教学，可以避免给学生的生命健康带来的不利影响。

这些实验存在很大危险性，就算是教师在实验室完成这些实验，也要非常小心，戴好防护设备，注意个人安全。

（八）微课在化学实验教学中对化学实验操作的作用

在化学实验训练时，通常是以演示实验的形式来完成，学生受到视角、视力和注意力等主、客观因素的影响，难以观察教师演示实验操作过程中的细节，而细节操作恰恰是易错点。学生通过死记硬背来掌握实验步骤及结果，实验操作技能没有得到实际训练。虽然也有一些学校会开展实验课，但是受到实验条件和实验环境的限制，学生从看演示实验到亲自去做实验，间隔时间较长，容易遗忘实验内容和具体实验操作及注意事项，在集中训练中指导教师难以对学生进行逐一指导，效率低下且多有疏漏。

实验操作考试通常从实验操作技能、实验原理和实验习惯三个方面对学生进行评定，重点考查学生的实验操作技能。教师可以六个实验操作题为蓝本，精心制作六节独立的实验微课，录制规范的演示实验操作，对细微之处运用镜头的放大功能，对关键步骤、关键现象进行特写，让学生看得见、看得清、看得懂，以此让学生进行模仿操作。教师要做到"场上无学生，心中有学生"，在微课教学中还要对实验进行必要的讲解，加强语言的互动，让学生边看边思考，让他们有身临其境的感觉。录制好视频后，通过编辑加上恰当的标注或字幕，突出关键操作步骤，让学生始终被关键信息引导。

（九）共享优质微课教学资源

随着互联网的普及和自媒体的发展，网络上有丰富的微课资源，教师可以通过网络搜集相关微课资源，获取大量优秀的微课资源。在过去的化学教学中，学生难以在有限的时间内理解并掌握这些知识点，在使用微课教学时，学生在学习时面对的是高质量的教学团队，学习效果也会得到大幅度的提高。将微课资源运用到课堂教学中，丰富了教学内容，为学生提供了更多思考问题的角度与思路。

微课具有多样性，不同的教师对同一知识点的理解角度不同，就会制作出不同的微课。俗话说"尺有所短，寸有所长""他山之石，可以攻玉"，每个人的能力是不同的，有的擅长这项，有的擅长那项。教师在教学前，可以观看多个教师的微课视频，取其之长、补己之短，挑选出最合适的微课视频，必要时可重新编辑，使其更符合学生实际情况，增强学习效果。在教学过程中植入优秀的微课作品，可以丰富课堂教学手段，也可以提高学生课堂学习的注意力，还可以弥补教师在某个知识或教学技能方面的不足。

四、微课教学应用于化学教学

根据课堂教学的需求，可以将微课大致分为课前预习类、课堂讲解类、课后复习类。

（1）课前预习类。主要是对整个章节进行知识梳理，对课程中用到的一些实验方法、理论知识进行讲解，或者帮助学生进行知识回顾。课前使用微课增强了学生的预习效果，引导了学生的学习方向，能够帮助学生发现问题。

（2）课堂讲解类。主要是创设有效的教学情境，激发学生的学习热情，把章节知识进行分解，形成一个个有效的小知识点，突出重点，突破难点，加深学生对新知识的理解，减少"无意识错误"的产生，对每一个知识点采用多种教学方式的精讲精练，让学生能够在几分钟的时间内有效学习，获取知识。

（3）课后复习类。主要是知识的归纳总结、复习巩固和方法技巧的展示，用知识网络图把零散的知识联系起来，串成知识链，形成知识网，同时还包括习题的练习，典型例题的讲解，让学生能够举一反三，为接受能力较差的学生提供二次学习的机会。

微课包括很多方面，如自主学习任务单、教学方案等。

1. 制定自主学习任务单

教师在上新课之前都会布置预习新课的作业，学生主要是通过阅读课本的方式来完成预习任务。学生在预习时，如果只是漫无目的地阅读，是不会产生好的预习效果的。然而由于课本没有生动的画面或者新颖的导入，难以吸引学生的注意，导致学生实际的预习效果不够理想，学生完成预习的情况，也有很大的随机性和不确定性。

学生在用微课进行预习前，教师需要发布自主学习任务单，通过自主学习任务单让学生明确学习任务，知道预习什么，哪些知识需要重点关注，使得学生不再盲目学习，而是有方向、有目标、自主地进行学习，而且也为学有余力的学生提供超前学习的平台。学生根据自主学习任务单来开展自主学习，促进自主学习的高效实施，提高学习广度、深度，从而达到学习目标。

要达到较好的预习效果，教师要保证自主学习任务单的设.计质量，需要针对学生的实际情况进行制定。教师需要在深入研究教材内容和学生知识基础的情况下，精准分析教学内容与教学目标，精心设计一系列的问题，通过制作导学案或学习任务单，设定学生预习的任务与目标，引发学生自学时的思考。主要内容包括知识点的整理、知识体系的建构、学习目标的建立和重难点的点拨，并针对各层次学生精心挑选自学检测题，将预习任务作为驱动，引导学生有意识、有步骤、有重点地预习，通过细致的设计和编排最大限度地扫清盲区。学生通过自主观看视频，结合自主学习任务单对所学内容进行思考，通过微信、QQ 等通信平台与学生、教师互动交流，了解彼此的收获和疑问，完成互动解答。

学生以纸质版导学案配合教学视频的观看，在没有上课的情况下先进行自主学习。教师配合导学案设置相应闯关问题，以奖励形式呈现，不但提高了学生观看视频的兴趣和动力，同时强化了学生对化学实验的认知与理解，还能够初步判断出每位学生的疑点、难点所在，极大地提高了课堂交流的针对性和有效性。与传统意义上的课前预习相比，这种主动获取知识的方式效率更高、预习效果也更好，为后续的课堂教学做好了铺垫。

自主学习任务单可以这样设计：

任务一：温故知新，知识回顾；

任务二：知识梳理，明确要求；

任务三：观看微课，学习新知；

任务四：基础检测，巩固新知；

任务五：拓展运用，发现问题。

教师从"幕前"退到了"幕后"，正是教师的这种"撤退"才实现了把"学权"还给学生的目标，让"以学为中心"的学习模式运转起来，使教师成为学生自主学习的指导者，从而营造和谐的学习氛围，让学生享受到学习的乐趣。

2. 课前预习的教学方案

在实施新课程改革以来，学生获取知识的方式有了较大的改变，虽然前置学习越来越受到广大教育工作者的重视，但是即使教师安排了预习的任务，受到学生能力的限制，也只有极少的学生能够完成课前预习的任务，大多数学生因为懒惰、学习紧张或找不到预习的重点，课前预习效果不理想。

因为绝大部分学生预习后只能留有初步印象，获取简单的表面知识，对知识的重点无从把握，且不能较深入地思考，也无法提出具有深度的问题，所以更谈不上对知识的理解。如何引导学生高效率地开展预习是开展教学的关键所在，针对此现状，可以用微课资源辅助课前预习，引导学生有效利用网络课程资源开展自主学习活动，为新课程的讲授做好准备。微课资源能结合学生的认识储备规律和知识形成发展过程，引导学生自主学习，有效激发学生的探索热情。

用微课资源辅助课前预习，主要是让学生观看视频，明确预习任务，完成自主学习任务单，这样学生才能清晰地知道所要学习的主要内容，了解即将学习的新知识的框架与重点。微课视频可以对知识点进行导入，对知识间的逻辑关系、学习的重点、例题讲解和小结归纳进行剖析讲解。同时为了保证良好的教学效果，可以在微课视频中设置新颖别致的问题，增加师生间的互动，激发学生的探讨欲和主动性，利用问题引导学生思考的方向，提高学生预习活动的参与度。通过微课资源可以更好地引导学生在课前对知识进行有效的理解，教师再为学生准备配套练习，检测学生对知识的掌握情况。学生及时反馈知识体系中发现的问题，带着这些问题走进课堂，教师以这些问题引导课堂教学，学生也可以将自己发现的规律特点总结出来，在课堂上分享。学生在学习中成为主导，有利于教学时效性的提升，同时有利于自主学习能力的养成。

实践结果证明，学生更喜欢微课资源这种课前预习的方式，微课资源不但提高了课前预习效果，还提升了学生的思维品质。

3. 概念理论的教学应用

大多数文献观点认为微课分为实验技能型微课和习题型微课，并且这两种类型的应用研究较多。在日常教学工作中发现微课还有一种以理论知识传递为目的，在课内、课外均可应用的表现形式。此类型包括知识点归纳总结、教学重难点解析、典型例题分析与拓展、趣味科学史介绍等，以补充传统课堂的不足之处。

化学基本概念和基本理论是化学知识体系中非常重要的内容，是学习化学必须掌握的基础知识，同时，化学学科教学内容中很多理论知识点比较抽象、复杂，是高中化学学习中的难点。比如有机化学基础、物质结构与性质等知识的教学。在实际教学过程中，许多教师感叹无论自己怎样"挖空心思"来备课，大多数学生还是无法想象出教师描述的反应过程，学生不能理解，难点仍然存在。同时很多知识点的认知较为繁杂，又存在一定的相似度，学生就容易出现诸多错误。例如，物质的量的相关计算是学生易失分的知识点之一，大多数学生一见化学计算就心生恐惧。仅凭教师在课堂上的分析和讲解，往往很难让学生在相对较短的课堂时间内掌握，更别提让学生对知识产生深刻的印象了，教师往往是通过不断地演示，让学生学习计算的步骤和公式的运用。

如何在教学过程中不仅让学生准确地记忆基本概念，还能深刻理解并把握其内涵与外延呢？

此时教师可以将微课引入课堂教学中，利用微课突破教学过程中的难点和重点。教师在进行微课制作时，必须从学生的认知角度出发，从学生的知识储备入手，利用学生熟悉的图片、声音、动画、视频等多种元素来向学生呈现教学情境，充分考虑学生的年龄特征和理解能力，争取让所有的学生都能够理解。在设计微课时，教师既要保证微课设计的合理性，还要找到这些知识点之间的联系和规律，可以改变知识的认知过程，将抽象的知识变得具体化，将复杂的问题分解为多个简单的知识点，让烦琐的东西变得简单明了，使难点不再"难"，重点不再"重"，加深学科知识的理解，引导学生在具体场景下进行相关的学习和探究。比如将微观抽象的分子、原子核等进行具体形象化的展示，借助微课让微观世界变得清晰可见，大大提升教学效率，利用生动活泼的方法让学生掌握和理解所要学的知识点。这样不仅能够使微课教学更具生动性和吸引力，同时也能够全面提升化学课堂学习的效率和质量。

学生可以根据自己对知识点的掌握程度，反复学习，直到自己完全掌握为止。微课教学不但有效缓解了教师教学的压力，减轻了教师的教学负担，而且还使学生的学习效率得到提升。

4. 课堂教学的教学方案

在课堂教学中，为了有效地引入新课，教师可以根据微课视频时间短、教学内容明确的特点，利用微课视频引入新课。同时对于学生而言，每节课的前几分钟是注意力最集中的时候，在这个时间段内利用微课资源向学生传达本节课的教学目标和内容，这样学生在上课前对本节课的教学内容有了初步的了解，在课堂上就能跟上教师的节奏。如此一来，学生在学习中的角色就会随之发生变化，从以前被动地听教师说，到现在成为课堂探究交流的主体，带着疑惑去学习，大大地提高了学习的效率。同时利用视频也能够直观地呈现出化学与生活的联系，教师可以将一些生活中的实例通过动画进行演示，让学生主动将学习与生活联系起来。

学生成绩不理想的原因往往是学习过程中出现的问题不能及时解决，久而久之造成成绩的落后。将微课引入到课堂教学中，可以集中学生注意力，培养学生自学能力，使学生减少对教师的依赖，增强学习的独立性，帮助学生发现问题，再通过互动交流集中解决学生存在的疑问。

5. 课后解惑之微课

学生之间的差异是必然存在的，作为教师，首先应该尊重这种差异的存在，在认可学生差异情况的基础上，提出解决方法来降低差异带来的负面影响。

不管多么优秀的学生，仅仅依靠课堂学习，在有限的课堂教学时间内，也很难将教师传授的知识完全吃透，有的学生难以快速理解并掌握教师教学的知识点，难以跟上班级教学的步伐，导致学习成绩下降。

化学同物理、数学一样，属于理科，习题是化学学习中的重要组成部分。因此在教授完每节课后，教师都会布置课后习题作业，对当堂教学内容进行巩固。课后的复习和巩固是学生学习中必不可少的环节，认真做好这个环节，学生的学习能力和学习品质也能不断提升。然而现实状况是学生存在个体差异，同样一节课，在同一间教室里，听同一个教师讲解，不同学生理解和掌握知识的程度是不一样的。因而在课后习题上，优秀生轻松完成任务，意犹未尽。而学习困难生由于课堂知识理解不透彻，在做作业时显得力不从心。久而久之，为了按时完成教师布置的课后任务，学习困难生很容易养成拖拉或者抄作业的坏习惯。为了解决这类问题，很多教师会进行课后一对一辅导，针对不同学生设计不同层次的训练等，这样增加了教师的工作量，不利于长期工作。

课后复习与学生的学习效率也有着密切联系，化学的题型较为复杂、多变，学生需要经过多次练习才能够掌握题目中所包含的知识点，并整理出正确的解题思路。化学题目往往涉及实验设计、化学工艺，学生难以全面掌握这些知识。传统的习题课大多采用教师讲、学生练的方式，甚至出现教师一言堂的现象，费时、费力且效率低。庞大的微课资源恰好满足了课后复习的需要，解决了这一类问题。教师可以将教学内容中较难的知识点制作成微课视频，利用播放视频的方式为学生展示重难点知识，完成重难点的突破。教师也可以尝试利用微课资源辅导学生课后复习巩固。学生在课后通过反复学习微课资源，加深对学科知识的整体理解，进而对学科知识牢固掌握。为了提升复习效率，教师可以通过微课的形式将一些易错点和易混点汇总整合。学生通过观看微课，对知识掌握得更准确、更牢固，知识体系更加完善。

与课前微课主要思路是概述、课堂微课主要思路是构建情境不同，课后微课主要思路是总结和归纳，也可以是经典实验、专题讲座。学生课后学习微课，可以根据自身实际需要，挑选适合自身能力成长的微课，对学科知识进行再学习、再巩固、再突破。微课能够循环播放以及暂停播放，学生可以拥有充足的时间对知识进行理解以及深化。

教师还可以在课后微课资源中适当地插入检测习题，引导学生进行答题方法和技巧的总结，让复习变得轻松起来，也可以在难点以及重点的地方放慢速度，进行适当点拨，鼓励学生进行大胆尝试，敢于表达自身想法，促使其逐渐养成创新意识以及创新思维。

这种复习方式能够准确地将学生学习状况反馈给教师，了解学生认知的偏差后，教师可以根据个体差异性进行针对性教学，也避免了纸质作业给学生造成的心理负担，既提高了学生的学习质量，也提高了学生的学习主动性。

教学不仅发生在课堂上，课后也是重要的组成部分。教师可以将学生易错、常错的内容以及在平时的考试和练习中出现的重难点习题、有价值的习题收集起来，指出错误原因，并把批改过程、讲解过程录制下来，制作成习题类微课，实现课后教学答疑解惑的目标。

6. 微课发布

在设计微课教学的过程中，要想更好地发挥微课的作用，除了内容和形式上要更贴合教学内容和学生的认知规律，还需要有一个便捷的微课上传和下载的平台，便于微课的传播和师生之间的交流。

目前大多数学生都使用方便灵巧的智能手机，微课除了适用于 PC 端，还要适用于手机端，以方便学生使用不同的终端学习，也可以利用当下风靡全国的社交软件——微信，来发挥微课教学的优势。微信各项功能都是免费的，手机资费套餐都包含一定的流量，这为使用微信进行学习创造了条件。

借助于信息技术的发展，微课视频的类型也更为丰富，除了最常见的 avi、wmv 格式，还有专门针对视频学习的 swf 格式，适合网络传播的 flv 格式，这些格式的视频具有视频存储小和教学效果好的优点，可以自由地切换到重点学习的片段。

化学学科涉及众多知识点，各个知识点具有"微小"特征，都能自成一体，符合微课设计特点。

教师上课前根据学生的学习需求和教学内容，进行微课的制作，包括学习任务单、微课视频和进阶练习，并于课前在教育资源应用平台发布微课，也可在微信公众号上定时向学生推送微课。通过关注微信公众号进行学习，方便学生合理地安排学习时间，满足碎片化学习的使用需求。学生可以在任何时间、任何地点，使用网络查找自己需要的微课开始学习，将学习心得和学习中遇到的问题及时记录下来，也可在微信公众号中留言，实现与教师的交流。课堂上教师引导学生进行问题讨论，小组内合作学习，最后逐一突破学生提出的问题，并将知识总结归纳，帮助学生消化吸收。对于没有及时掌握的学生，再安排学生课后继续复习微课，进行巩固练习。

有条件的学校还可以利用校园信息网络平台，更充分地发挥微课的作用。在网络平台上，学生不仅可以随时随地在线学习或下载视频，还可以与教师、其他学生进行线上互动，及时对微课学习过程中发现的问题进行讨论和交流。教师不仅能够在线答疑，还可以整理总结学生学习过程中存在的问题，单个问题个别辅导，共性问题有针对性地在课堂上集体解决。

7. 微课的结尾

微课视频在最后可以用一个小结作为结尾，小结的形式可以是对内容要点的归纳，也可以是对方法思路的指引，这样才能让学生形成完整的知识链，对所学内容加深印象，减轻学生对知识的记忆负担。一个完整的小结，能给一节优秀的微课起到画龙点睛的作用。

教师也可以在微课视频的结尾布置一些与教学有关的问题，同时引导学生总结本章节重点及规律，问题不宜过多，具有代表性即可，让学生将新知识纳入已有的知识体系。

作业是检验学生学习成果的一大重要标准，教师应设计少而精的习题，用于巩固本章节知识。在每一节微课资源学习之后，可以配以练习检验学习效果，巩固所学知识点，引导学生运用所学知识，激发学生学习知识的欲望。

教师还需要规定微课视频观看截止时间和作业提交日期，在所有学生均提交作业后，教师要及时进行批改，找出学生存在的问题，在进行课堂教学时对错误率较高的题目着重讲解。

第五章

高中化学实验实践教学改革

第一节　高中化学实验设计探究

一、化学实验设计类型

按不同的分类标准，可以将高中化学实验设计划分成不同的类型。其分类标准主要根据实验在教学认识过程中的作用、化学实验用品和化学实验内容来划分。

（一）根据实验在教学认识过程中的作用来划分

1. 探究性化学实验设计

（1）定义。探究性化学实验是指探究研究对象的未知性质，了解它具有怎样的组成，有哪些属性和变化特征，以及与其他对象或现象的联系等的一类化学实验。

（2）教学注意事项。高中生在解决探究性化学实验问题的过程中，往往忽略了理论检验而无法有效地排除不合理的假设，从而被太多的假设困扰无法控制思维的方向。

由于这类实验主要是在课堂教学中配合其他化学知识的教授进行的，采用的又多是边讲边实验或演示实验的形式，因此，教师在设计这类实验时，要注意以下几点：效果明显；实验难度不大，易操作；步骤少，时间短；安全可靠，无污染；教师指导要科学、合理。探究性化学实验过程，可涉及科学探究的全部要素，也可涉及科学探究的主要要素，还可涉及科学探究的部分要素，关键要根据教学条件和教师专业水平来确定。

（3）教学设计案例。例如"氯气与水反应"的探究性化学实验教学案例。

探究一：氯气在水中的溶解性。

[实验]盛有氯气的两个集气瓶，其中一个集气瓶中放有三分之一的水。

[启思] 比较水溶液与原氯气的颜色，可以得出什么结论？

探究二：氯气溶于水后有没有与水反应？

[引探] 怎样检验氯水中是否含有 Cl^-、H^+ 呢？

[实验] ①在氯水中分别滴加少量 1% 的 $AgNO_3$ 溶液和加入少量的 $NaHCO_3$ 固体。

②在氯水中滴加 3 ~ 5 滴 0.1% 的石蕊试液（先不要振荡）。

[启思] 为何石蕊试液先变红色后褪色？

[引探] 是氯水中氯分子的氧化性，还是氯分子与水反应生成新物质的氧化性造成的？用实验怎样证明？

[实验] 在一瓶干燥的氯气中，放入一张用水写有"Cl_2"字的红纸，过一会儿观察瓶中的红纸。

[引导] 通过对上述实验现象的分析、讨论、概括后，得出结论。

[结论] 氯气溶于水的过程和本质是氯气在水中以溶解为主，并伴有一定程度的化学反应。

采用探究性实验教学，创造了良好的教学情景，不仅体现了"教为主导，学为主体"的关系，而且在教师指导下进行探索，培养了学生的自信心，激发了探索的兴趣，同时培养了学生的创新意识和创造能力。

2. 验证性化学实验设计

（1）定义。验证性化学实验是指对研究对象有了一定的了解，并形成了一定的认识或提出了某种假说，为了验证这种认识或假说是否正确而进行的一类化学实验。

（2）教学注意事项。由于这类实验目的主要是验证化学假说和理论，又多采用学生实验或教师边讲边实验的形式，因此在设计这类实验时，应注意以下几点：效果明显；有较强的说服力；操作简单；污染较小，安全可靠；时间适中。

（3）教学设计案例。例如，新制 $Mg(OH)_2$，并证明 $Mg(OH)_2$ 能溶于浓的 NH_4Cl 溶液，而不溶于稀的 NH_4Cl 溶液的实验。

①制备 $Mg(OH)_2$（实验）。

②验证怎样快速溶解 $Mg(OH)_2$（实验）。

③解释溶解原因。

④设计实验验证。

3. 运用性化学实验设计

（1）定义。所谓运用性化学实验，是指综合运用所学的化学知识和技能，解决一些与化学知识有关的实际问题的一类化学实验。

（2）教学注意事项。由于这类实验要求较高，有一定的难度，因此，在进行实验设计时，要注意灵活性和综合性，尽可能设计多种方案，并加以比较，进而进行优选。运用性实验设计又包括课内的习题实验和课外的生产、生活小实验设计。

（3）教学设计案例。例如，氯化铁是工业上常用的净水剂之一，结合"三废"的综合利用，请提出一些用廉价原料制取氯化铁的实验设计方案，并对所提出各种实验设计方案的优缺点加以评论。

分析：这是一个开放性的实验（生产）设计方案题，原理很简单，关键是如何选用廉价的原料。思考时将视角对准原料、环境、反应可行性、产品四个方面。然后对生产的原料成本、环境（包括生产环境）状况、生产的难度和可行性、产品的状况（例如是否有质量保证，是否便于贮存和运输等）加以多角度、多层面的分析，提出一系列实验设计方案，再分析哪个方案可行或哪个方案最佳。

方案一：用机械加工的切削铁屑与氯碱工业所得的氯气直接反应来制备氯化铁。

方案二：用机械加工的切削铁屑与盐酸反应先制成氯化亚铁，再用氯气氧化使之转化为氯化铁。

方案三：用机械加工的切削铁屑与盐酸反应先制成氯化亚铁，在溶液中通入氧气（或空气）将其氧化为氯化铁。

方案四：采用硫铁矿为原料，通过接触法制硫酸工厂的废渣与某些有机合成厂产出的副产品盐酸发生反应来制取氯化铁。

方案五：建议净化水单位改用硫酸亚铁来作为净化剂，硫酸亚铁可用机械加工切削的铁屑与某些有机合成工厂的废硫酸反应而制得。

（二）根据化学实验用品来划分

1. 化学实验用品的改进或替代

研究反应物的适宜规格、纯度、浓度、用量、制剂形式等后，可以进行实验设计。此类例子很多，仅举两例。

例1：铜片与浓硫酸（98%）反应，常常会生成大量黑色物质，产物之一的硫酸铜又常以白色无水盐形式析出。有人通过研究发现，用大约 3 cm 长的普通软电线中的细铜丝与大约 5 mL 的浓硫酸(硫酸与水的质量比为 5 ：1)在一起加热，可以避免黑色物质生成，并且使反应后的溶液呈现蓝色，从而较好地配合浓硫酸与金属反应一般规律的教学。

例2：电石跟水反应生成乙炔的速度难以控制。有人介绍的实验设计方案为把乙醇与水按1∶4体积比混合，再跟电石反应，生成乙炔气体的速度适宜于用排水法收集，以及在空气中点燃的实验操作。若乙醇与水按1∶2体积比混合，适宜于乙炔与溴水、高锰酸钾的酸性溶液反应的操作。

2. 化学实验仪器、装置的改进

对仪器、装置研究后，进行实验设计，设计出新的实验仪器和新的实验装置。

例1：在氨的催化氧化实验中，氨和空气混合后是否需要干燥，一直存在争论。有人通过对比实验证明，水蒸气的存在对催化剂和转化率都没有影响。实际上，工业生产中也不对原料气进行干燥，因为水蒸气的存在可以使氨和空气混合气的爆炸危险性降低。被水蒸气饱和的氨气或氨氧混合气（NH_3、O_2、H_2O），即使在450℃以上也不爆炸，有利于提高原料气中 NH_3 的含量，以便制造高浓度的 NO。因此，在这一实验中，原料气的干燥装置可以省去。

例2：在氨的催化氧化实验中，催化剂通常装填在燃烧管、干燥管或者细玻璃管中。用哪一种仪器装置装填催化剂更好呢？由于氨的催化氧化的一个显著特点是接触时间短，对于铂系催化剂来说，最适宜的接触时间是 1.2×10^{-2} s，非铂催化剂所需接触时间为 $1 \sim 2$ s。接触时间长，反而会使 NO 的产率降低。这是因为接触时间长热的器壁可以加速副反应，致使更多的氨被氧化成 N_2 的缘故。为了保证气体在通过催化剂时有适当的气流，不宜使用内径膨大的仪器来装填催化剂。

实验表明，发生反应所需要的催化剂用量并不多，用普通粗细的玻璃导管装填少量的催化剂已足以取得良好的实验效果。

3. 化学实验方法的改进

这主要是由于化学教科书中的一些实验因实验方法不太合适而影响化学教学效果，因此需要用新的实验方法，重新设计实验。

例如，硝基苯制备是原高中化学中危险性较大的一个实验，容易发生反应物飞溅现象而导致严重事故产生。有人在研究问题的原因后，提出苯的硝化反应实验方法为取苯（$2 \sim 3$ mL）于试管中在冷水浴中进行冷却，逐滴加入冷的浓硝酸（$4 \sim 5$ mL）与浓硫酸（$4 \sim 5$ mL）的混合液，振荡，再放在 $50 \sim 60$℃水浴中加热 10 min，可克服多步硝化使产物呈黄色的缺点，从而得到无色的硝基苯。

原中学化学教科书上的实验方法：浓硝酸与浓硫酸相混合、冷却，再逐滴加入苯，振荡、冷却，然后在 $50 \sim 60$℃水浴中加热，便制得硝基苯。这种操作很容易引起反应物混合液局部过热，导致混合液飞溅出试管，容易造成实验事故。

4. 化学实验条件整体优化

化学教科书中的一些实验有的装置过于繁杂、操作不太简便，有的可见度较低，都会影响化学实验教学的效果，所以需要对化学实验进行整体优化设计。

例如，木炭还原氧化铜实验，受到多种因素影响。有人从木炭和氧化铜的质量比、木炭和氧化铜的粒度、加热温度、木炭和氧化铜的来源、原料的研磨与混合方法以及实验装置等方面进行了研究，设计出新的化学实验方案。

（三）根据化学实验内容来划分

目前的中学化学教学，就实验内容来讲，可归纳为以下几种类型。

1. 物质的组成、结构和性质实验设计

主要用来阐明概念，证明基本理论和定律，探究物质的性质和各类物质之间的相互关系等。例如，乙醇的化学式为 C_2H_6O，它的结构是 CH_3CH_2OH，还是 CH_3OCH_3 的测定实验设计等。

2. 物质的制备实验设计

制备的物质有固态、液态和气态。例如，由红磷制取白磷实验设计，由硫黄制取硫酸实验设计，由过氧化氢溶液和二氧化锰制取氧气实验设计等。

3. 物质的分离、提纯、鉴别实验设计

例如，Na_2CO_3、$NaHCO_3$ 溶液鉴别实验设计等。

4. 联系生活、生产实际的实验设计

例如，碳酸饮料中的 CO_2 含量测定实验设计等。

二、化学实验设计内容

化学学科中，以化学反应为基础的实验统称为化学实验。实验既是进行科学研究的重要方式，也是实施科学探究的关键环节，还是化学教与学的重要内容和手段，因此，当前基础教育课程改革以科学探究为突破口，着力将实验教学与探究学习融合起来，不但让学生获得知识、获得技能，更重要的是学到了获得知识的过程与方法，让学生受到科学方法、科学思维的训练，养成科学精神和科学品德，形成合作学习的意识，发展学习的兴

趣，这是化学新课程的显著特征。

化学实验设计是化学实验设计思路或化学实验规划的一种具体化、细节化的体现。它对化学实验成功与否、实验安全与否、实验效率高低都将起到至关重要的作用。可见，化学实验设计不再可有可无，它的重要性不容置疑。化学实验设计不同于设计性实验，设计性实验是化学实验类型中的一种。从过程中看，化学实验设计是设计性实验过程中的部分环节。

化学实验设计者既可以是亲自进行实验的实验操作者，也可以不是实验操作者，仅是实验设计者。对于后者，化学实验方案设计应具体化、细节化，否则他人难以成功验证。

（一）化学实验设计的表述形式

化学实验设计的成果是化学实验方案。在化学教学中，化学实验设计的内容一般包括实验目的、实验原理的选择、实验仪器及药品的选用、实验装置的设计以及装置顺序的连接、实验操作的顺序和实验注意事项等。化学实验设计的内容、类型多种多样，现没有一个统一的格式，可根据实际情况，采用不同的表述形式。常见的化学实验设计的表述形式有以下几种。

1. 文本式

文本式就是用文字图表将设计的化学实验方案内容完整、详细地表述出来。这是最常用的一种完整的化学实验方案设计的格式。

2. 流程式

流程式是将设计的化学实验方案按其操作先后顺序，用图示符号进行表述，并附以简要文字说明。它的最大特点是设计的实验方案简明精练，层次清楚，一目了然。

3. 表格式

表格式就是将化学实验的操作顺序、操作内容、实验现象和结论等以列表的方式加以表述。

（二）化学实验设计的具体内容

化学实验设计的成果，就是化学实验方案。在化学教学中，一个比较科学、合理、规范、完整、适用的化学实验设计的内容，一般包括以下八个部分。

1. 实验目的

实验目的是实验操作者研究或学习化学的指路标、方向盘。在化学实验教学中，实验设计者根据实验课题（题目）或教学情境所提供的信息，明确"做什么""为什么要做"。

关于"做什么"，就化学实验本体而言是指做具体的、明确的化学实验。关于"为什么要做"，则与化学实验教育教学的功能和作用有关，主要涉及"三维"教学目标方面。实验目的的制定，可以是侧重"知识与技能"教学目标的落实，可以是侧重"过程与方法"教学目标的落实，也可以是侧重"情感态度与价值观"教学目标的落实，还可以是优化整合"三维"教学目标的落实。

总之，实验目的的制定既不能过高，也不能过低，要符合课标要求、学情和校情，要整体优化、科学合理、切实可行。例如，义务教育新课标化学教科书中的实验内容"探究稀盐酸和稀硫酸的化学性质"，其实验的目的：探究两种稀酸的化学性质的共同点；通过实验初步学会归纳方法，同时增强勇于探索、合作交流的意识和能力；练习使用试管、滴管，学会固体和液体试剂的取用、振荡、加热和试管内进行化学反应的操作。又如，"乙酸乙酯的制备及反应条件探究"的实验目的：制取乙酸乙酯；探究浓硫酸在生成乙酸乙酯反应中的作用；体验通过实验的方法获取知识的过程。在有的化学实验设计中，将实验目的表述为"你将会有哪些收获"。例如，在"锌及其化合物性质的研究"实验中的"你将会有哪些收获"：了解金属锌、氧化锌、氢氧化锌、氯化锌等含锌物质的一些用途；学习研究某些元素及其化合物性质的实验方法；提高研究无机物性质的实验能力。

但是，很多的化学实验设计中都没有实验目的这一项，这不得不说是化学实验设计中的一个缺陷。化学教师在设计和安排实验时应该首先考虑实验的目的是什么。

2. 实验原理

实验原理是化学实验能够顺利进行的理论依据。实验设计者根据课题（题目）或教学情境所提供的信息以及已贮备的知识和经验分析要达成实验目的有哪些途径（或原理），再考虑各方面因素（包括现有的实验条件等因素）并从中筛选出最佳途径（或原理）作为本实验的原理，即明确"实质是什么"。

在化学实验设计中，实验原理大多数用化学方程式或一段文字和化学方程式表示。例如，"铜与浓硝酸反应实验"中的实验原理为 $Cu + 4HNO_3（浓）= Cu（NO_3）_2 + 2H_2O + 2NO_2\uparrow$。但是，也有少数实验原理是用一段叙述文字表示，这类实验一般不涉及化学反应原理，只是实验方法或者物理方法。例如，"关于两种液体混合后增容的实验探究"的实验原理为实验采用密度法，用密度瓶测出乙酸、苯和混合液的密度，然后用电光分析天平分别称出乙酸、苯和混合液的质量，根据 $V = m/\rho$，计算出乙酸、苯和混合液的体积，用混合液的体积减去乙酸和苯的体积，得出混合后液体的增容。又如，"海水的蒸馏"实验中的实验原理为海水的化学成分复杂，含有较多盐类，如氯化钠、氯化钾、硫酸镁等。通过蒸馏的方法，可以将海水淡化。因此，实验原理是化学实验设计中的核心部分，在设计时应确保它的科学性、可行性。

3. 实验用品

实验用品是顺利地进行化学实验的物质保障。化学实验中，正确选用仪器和药品是保证化学实验能够顺利完成的前提条件之一。实验设计者根据实验目的和实验原理，以及反应物和生成物的性质和特点、反应条件（一般有常温、加热、加压、催化剂、光和电等条件）等因素，选择所需要的实验仪器和药品，即明确"需要什么"。

对于一个专业知识扎实、实践经验丰富的实验设计者来说，在化学实验设计中，不仅能够给出所需要的实验用品的名称，而且还能注明所选用的实验仪器和药品的规格与用量，若药品是溶液，还能注明溶液的浓度是多少。这种化学实验设计，在教学上不仅给实验员的实验准备工作带来了极大的方便，而且还为实验操作者顺利地进行实验提供了便利，也为节省实验用品提供了参考依据。例如，"证明氯酸钾里元素成分的实验设计"中的实验用品为铁架台（带铁夹）1 副，硬质试管 1 支，木条 2 支，酒精灯 1 盏，蒸发皿 1 只；1 g KCO_3，10 滴 1%$AgNO_3$ 溶液，2 滴 2%HNO_3 溶液，10 mL 无水乙醇，10 mL 蒸馏水，1 盒火柴。

目前，绝大多数的化学实验设计中给出的实验用品很笼统，无规格，无用量，像这样的化学实验设计，给实验操作者带来诸多不便，应引起化学实验设计者的关注。

4. 实验装置图

实验装置图是表示化学实验中仪器之间相互连接并形成固定装置，以及药品盛放部位的图示。根据实验原理以及反应物和生成物的性质与特点、反应条件和已选择的实验仪器与药品等因素，实验设计者通过大脑构思后将化学反应在哪里发生、进行，用简单明了的图示直观地表现出来。明确"实验装置或设备是什么样子"。

在大多数的化学实验设计中，都有实验装置图。绘制一个比例合理、结构科学、连接正确、标注规范、线条清晰的实验装置图，不仅能让实验设计者得到绘制（制作）实验装置图技能的训练，而且能为实验操作者正确快速地安装仪器、理解实验步骤提供帮助。例如，"白磷的制取及其系列实验新设计"中的实验装置图，此图就比较直观、清晰、规范、美观。但是，目前许多化学实验设计中的实验装置图绘制不规范，平面图与立体图混在一起，仪器连接难以理解，甚至还有错误。这种错误出现的原因可能有两方面：一是实验设计者没有按照真实的实验装置、仪器比例绘制，以及绘图（制作）技能欠佳引起的；二是某些出版社、杂志社的排版人员在重新制版时出现疏漏引起的。总之，实验装置图是化学实验设计中不可忽略的部分，尤其是在基础教育化学实验教学中。

5. 实验步骤

实验步骤（具体的实验操作过程）是化学实验设计中的重点部分，是实验思想和实验方法的具体体现。根据实验目的、实验原理、反应条件、实验用品和实验装置或设备等，实验设计者要精心地设计出合理的实验操作步骤和实验操作方法，明确"怎样做"。

无论是在化学学科中还是在化学教学中，化学实验都可以分为验证性实验和探究性实验两大类。在化学教学中，验证性实验应该怎样设计实验操作步骤，探究性实验又应该怎样设计实验操作步骤，是仁者见仁，智者见智的。

在验证性实验设计中，实验设计者对实验现象、结论是清楚的，因此设计的实验步骤就比较具体、明确、简洁；但对实验操作者来说，对实验设计者所设计的实验步骤未必理解，对实验现象、结论未必清楚，而且实验操作者"按图索骥""照方抓药"去做实验也未必能够得到正确的实验现象和结论。可见，做好验证性实验有许多教育教学功能，千万不要否定、贬低它的作用。在化学研究中，做好验证性实验也有很大的作用，例如，中国工程院院士、天津大学化工学院王静康教授为提高某一物质结晶的纯度，她重复做了上万次结晶实验，最后终于获得成功，这一技术在世界上都产生了一定的影响。

在探究性实验设计中，无论是实验设计者还是实验操作者，对实验结果、结论未必都是清楚的。因此，在方法设计上力求做到"灵活的探究程式＋重点的实验探究"，更好地发挥实验的探究功能，为发展学生的探究能力，促进学生科学素养主动、全面的提高不懈地努力。义务教育化学课程标准中关于科学探究提出 8 个要素（提出问题、猜想与假设、制订计划、进行实验、收集证据、解释与结论、反思与评价、表达与交流）。在探究性实验设计中，是否都要体现这 8 个要素呢？答案是否定的。在设计时，应根据具体情况制定探究的过程与方法，重点是在实验探究步骤设计上。例如，对"硝酸银溶液与碘化钠溶液混合，生成黄色沉淀之后迅速消失"这一现象的原因探究。实验探究可以设计为以下几个步骤。

（1）提出问题。硝酸银溶液与碘化钠溶液混合后生成沉淀消失的原因是什么？

（2）进行假设。可能的原因是什么。

（3）实验探究。根据假设，实验设计者设计出三套实验方案给予验证。方案一：在碘化钠浓溶液中滴加硝酸银溶液，实验结果为没有发现沉淀物生成。方案二：在硝酸银溶液中滴加碘化钠稀溶液，实验结果为发现了黄色沉淀物生成。方案三：在黄色沉淀物中滴加碘化钠浓溶液，并振荡，实验结果为黄色沉淀物迅速消失。

（4）实验结论。从上述实验探究的结果可以推出，硝酸银溶液与碘化钠溶液混合，生成黄色沉淀物之后迅速消失的原因，是硝酸银与碘化钠反应，生成黄色沉淀物碘化银，碘化银又迅速与多余的碘离子结合，形成可溶性的二碘合银离子之故。可见，上述假设是正确的。

应该指出的是，在化学教学中，实验设计者的教育理念越新颖、化学专业知识越扎实、实验经验越丰富，设计的实验步骤就越全面、具体、细致，验证与探究的实验结论和体现与获得的教育教学价值就会越接近实验目的。

6. 实验现象及结果记录与处理

实验现象及结果记录与处理是记录实验操作结果和推出结论的预留空白处。实验设计者根据实验目的和要求，对实验过程中需要记录的实验现象、实验数据和实验结论设计的专用空白处或空白表格，为后来分析实验现象、数据，得出实验结论，提供化学事实依据，即明确"结果和结论"。

在化学实验设计中，实验现象及结果记录与处理往往与上述的实验步骤合二为一，称为实验操作与结果结论。这样的处理方法，便于实验操作者及时完成实验现象和（或）实验数据的记录、实验结论的得出和实验报告的书写。

7. 注意事项

注意事项是实验设计者对化学实验过程中的关键条件、操作重点和安全要素等给予详细的说明、讨论和解释，以引起实验操作者的重视，并把握实验操作要点等，即明确"怎样才能做好、做得安全"。

可是，目前有些化学实验设计中缺少注意事项这一部分。在对实验进行验证时，往往出现重复性很差，甚至无法成功的现象。这可能与实验设计者没有强调说明实验中的关键问题或实验设计者本身就不清楚实验中的关键操作不无关系。可见，化学实验设计中的注意事项应引起实验设计者的重视。

8. 参考文献

参考文献是对化学实验设计有参考价值并且引用在化学实验设计之中的一类研究成果，通常引用的是正式出版的论文论著。在进行化学实验设计时，实验设计者查阅与该实验相关的文献资料越多，对实验设计者的启迪就会越大，实验方案设计就会越完善、越有新意。参考和引用别人的研究成果，是人类文明进步的标志之一。在化学实验设计中，注明了参考和引用别人的研究成果的出处，既是对别人的尊重，承认别人研究成果的价值，又能方便地让其他阅读者知道哪些是实验设计者自己的研究成果，哪些是别人的研究成果，同时还便于查阅引用的原始文献，明确"实验方案设计与别人的有什么不同"。

可是，在现有的中学化学教科书、中学化学教学参考书和中等化学教育教学杂志中，在有关化学实验设计的文章里有参考文献的较少，可能的原因是编著者、作者撰写的文稿中未注明参考文献；有的出版社或杂志社为了节省版面而删去文稿中注有的参考文献。这些做法都是不妥当的，不利于提高"化学实验设计"这类文章的整体质量，也不利于形成良好的科学作风。

总之，关于化学实验设计的内容应尽量做到科学合理、详略得当。要使化学实验设计有较高的质量，可在化学实验方案设计中，多提出一些问题，提出的问题越详尽，就有可能使实验设计得越好。提出问题的内容，可从以下四个方面思考：思考实验问题的顺序；思考仪器连接的顺序；思考实验操作的顺序；思考实验与教学内容整合的问题。

三、化学实验设计原则

要设计一个具有良好教学功能的化学实验，需要用以下几项基本原则作为化学实验设计的指导思想和设计要求。

（一）目的性原则

目的是指化学实验设计要达到的某种教学程度。有了目的，才能突出设计重点，突破设计难点。目的性是指在整个设计过程中，对实验原理、用品、装置、步骤、方法及实验结果等方面的设计，都应围绕实验的目的和要求进行。例如，CO 还原 CuO 的实验，实验目的是要学生认知 CO 具有还原性，因此设计时应突出 CO 还原性的实验现象。

在化学实验设计前，首先要搞清楚实验到底要达到什么样的目的。就中学化学实验教学而言，其目的主要有三个方面。

（1）配合课堂讲授内容给学生提供感性认识，帮助阐明科学概念和化学原理，同时向学生示范规范的实验操作，培养学生观察和描述实验现象、发现和解决问题的能力，以及科学探究能力。

（2）巩固学生所学的理论知识，培养学生严谨的科学态度、良好的实验习惯和动手能力。

（3）为了拓宽学生的知识面，激发学生学习化学的兴趣，巩固和提高学生的实验技能，锻炼学生运用化学知识解决实际问题的能力，培养学生的创新意识和创新能力。

（二）科学性原则

科学性是化学实验设计的核心原则。科学性是指化学实验设计中的反应原理、装置原理、操作原理和实验方法都必须与化学理论知识、实验方法论、实验教学论和实验研究过程相一致。一个优秀的化学实验设计，应具有严谨的科学性。简言之，就是合理性。

例如，在乙酸乙酯的制备实验和二氧化氮的制备和性质系列实验中，吸收装置都是完全密闭的，两个实验装置中都没有出气口，结果导致在实验过程中发生冲塞现象，因此，这样的实验装置是不科学的。

（三）安全性原则

安全性是指化学实验设计中应尽量避免使用有毒药品或反应生成有毒物质，以及具有一定危险性的实验装置和实验操作。如果必须使用，应在所设计的实验方案中详细写明注意事项和防护措施，以防造成环境污染和人身伤害。"一朝被蛇咬，十年怕井绳。"在化学实验中，如果发生火灾、爆炸、中毒事故，甚至出现伤亡事件，不仅会给教师和学生造成人身伤害，而且还将严重地影响到学生今后对学习化学课程的兴趣和积极性，甚至还会永远给学生留下"化学实验很危险"的印象。因此，设计化学实验时，对实验的安全性必须给予足够的重视，要做到万无一失。

近年来，广大的教师在实验设计中，对化学因素和操作因素可能引起的安全问题都非常注意，但对物理因素可能引起的安全问题却常有忽视。

（四）可行性原则

可行性是化学实验设计的根本原则。所谓可行性，是指设计的化学实验方案中所运用的反应原理、装置原理、操作原理和实验方法在实施时切实可行，所选用的化学实验药品、仪器、设备和方法在现有的条件下能够得到满足，并在实验中能够得到正确的结论和现象。

化学课堂上要发挥学生的个性和特长，增强他们的自信心，启发他们将外部的相关知识与课堂的教学内容有机地结合起来，师生之间互教互助，弥补教学中的不足，拓展学生的视野，加快验证化学实验的可行性和正确性，实现实践活动的环环相扣，感悟出实验设计对化学知识的重要性。

例如，氯气与氢气混合见光爆炸实验中，将氯气与氢气混合气放入塑料袋中密闭好，然后见光引爆，该实验设计既可行又安全。

（五）简约性原则

对于同一实验，实验方案越简单越好。所谓简约性，是指要尽量采用简单的实验方法和实验装置，用较少的实验步骤和实验药品、仪器，在较短的时间内可完成效果明显的实验。恰当的实验方案设计既突出实验重点，又没有冗长的实验步骤，充分体现出简约性。

一个科学家最大的本领就是在于化复杂为简单，用简单的方法去解决复杂的问题。在中学化学实验教学中，也要用简约性原则指导化学实验设计。

（六）创新性原则

创新是化学实验设计的灵魂。没有创新，就没有进步、没有发展。化学实验设计属于应用性研究，像其他研究工作一样，贵在创新。创新程度的高低，是衡量一个创新实验价值大小的重要标准。所谓创新性，是指化学实验设计要敢于突破陈规，能反映新事物、新观点、新理论、新方法和新思路等。一个优秀的化学实验设计必须反映实验设计者别出心裁的构思。

（七）趣味性原则

化学实验常令学生兴趣盎然、终生不忘的原因，就是实验现象具有趣味性。所谓化学实验趣味性，是指设计的化学实验所得出的现象和结果能够激发学生的好奇心和求知欲，从而引起学生学习化学的兴趣和动机。

（八）启发性原则

教学中的化学实验设计不同于科研工作中的化学实验设计，其不同点之一是前者应具有启发性。所谓启发性，是指化学实验设计本身具有启迪学生思维的作用以及教师对实验做出一系列富有启发性的指导或提问，使学生在实验设计、实验操作或实验观察中能自觉、深入地思考，并对实验的结果进行推断和评价，从而培养学生的思维能力和创新精神。

（九）发展性原则

发展性是指化学实验设计既要符合学生的认知结构、知识和能力水平，又能促进学生的实验、思维、创新等能力的发展。因此，在学生化学实验设计中，教师应让学生在富有启迪作用的难度适中的实验问题中由易到难、循序渐进地进行实验方案设计。例如，CO_2 与 Na_2O_2 反应原理是学生熟知的，但通过启发的方式来设计 CO_2 与 Na_2O_2 反应的实验，可发展学生的认知水平和实验、思维、创新等能力。

（十）最优化原则

所谓最优化原则，是指在一个化学实验设计方案中，对所运用的反应原理、装置原理、操作原理和实验方法等进行全面优化，或在多个化学实验设计方案中，挑选出最佳的实验设计方案。优化和挑选的方法多是通过分析、比较或实验验证得出的。

应指出的是，一个优秀的化学实验设计，一定具有较高程度的创新性，但是，一个创新程度较高的实验则未必是一个优秀的实验，还要看它是否比已发表的同类实验更加优越。因此，在设计一个化学实验方案之前，必须要尽可能多地掌握相关实验的设计方案，并在此基础上，提出自己的设计方案，经反复试验、比较、优化，获得满意的效果后，再付诸应用。值得注意的是，不要片面地为了创新而设计，只"新"不优的化学实验或者只"新"而无法推广的化学实验都是没有价值的。

第二节　高中化学实验研究过程

一、形成和确定课题

无论是科学研究，还是化学教学研究，人们都要解决许许多多课题。形成和确定课题是进行研究工作的首要环节，能不能找到适当的好课题，是研究工作取得成效的先决条件之一。对于中学化学实验研究来说，形成和确定课题也是首要环节。

（一）课题的形成

所谓化学实验课题，是指为了实现某个特定的化学实验目的所需要研究和解决的一个或一组化学实验问题。化学实验课题通常产生于化学实验问题。化学实验问题是指化学实验主体在某个给定的化学实验中的当前状态与所要达到的目标状态之间存在的差距。

与中学化学实验有关的问题，主要来源于化学教育教学实践中，可归纳为四个方面：化学教育教学需要跟化学实验现状的矛盾；化学实验结果跟化学理论预期的矛盾；不同化学实验方案之间的差异；不同化学实验类型的教学方法之间的差异。

化学教育教学实践是化学实验课题形成的源泉。不同的化学教育教学的实践经历将会产生不同的教学体会与感受，尤其是不同的化学教育教学实践过程还会产生不同的课题创作"火花"。同时，化学实验教学反思也是化学实验课题形成的重要来源。

具体地讲，课题的来源：在备课中产生；在课堂教学中产生；在指导学生分组实验中产生；在实验考核中产生；在第二课堂科技活动、综合实践活动课、研究性学习中产生；在广泛学习研究中产生。

另外，可从时事新闻背景、重要教研会议、课程改革过程和学生提问中形成课题，平时多注意了解、学习、研究国内外的化学实验研究工作情况，经常广泛地收集、阅读有关情报资料，也常常会从中发现问题、受到启发，产生课题。

化学实验课题可以称为大的化学实验问题，它是由一系列相互联系、具有一定层次关系的小的化学实验问题构成的。

（二）选题标准

在化学实验教学中所产生的问题，并非所有的问题都适宜于作为研究课题。能够作为研究课题的问题必须符合一定的标准。

1. 问题的解决能满足于教学需要，对化学教学具有积极意义

例如，一个重新设计的化学实验能获得更加鲜明、生动的实验现象，重复性更好，更加简便，这就有助于提高化学实验教学效果，这个化学实验研究才有实际意义。

2. 问题的解决过程或解决结果具有新颖性和创造性

前人没有解决或者没有很好地解决的问题或者研究人员对问题的解决有了某些新的设想，并经过后来实践检验是正确的。这样研究课题才具有新颖性和创造性。

3. 问题的解决具有较大的可能性

化学实验问题的解决过程和结果要有可靠的科学理论依据或者事实依据，同时研究的设备、材料、资料、经费、时间以及研究人员的水平、能力、经验等方面具备了必要的条件，才具有较大的成功把握。

4. 研究人员对问题的解决具有强烈的兴趣

化学实验研究工作不同于一般工作，它需要进行创造性活动，特别是创造性思维。如果研究人员对化学实验课题不感兴趣，则难以产生研究所需要的新想法，也就不易使课题研究取得十分成功。

（三）课题的确定

化学实验课题的确定一般有以下五个步骤。

1. 筛选问题

按照上述课题选择的一般标准对化学实验问题进行初步筛选。

2. 考察问题

筛选问题之后，需要先考察课题的历史和现实背景。对课题的历史背景考察主要通过文献调研进行，以便了解前人工作情况、研究成果、经验教训、发展过程并进行分析研究，继承前人研究成果，在新的起点上开展研究，避免不必要的重复或重犯前人的错误。

对化学实验课题的现实背景考察除了通过查阅文献以外，还包括考察有关事实，进行试探性实验、调查化学教学需要的情况等。

3. 提出课题

在背景考察的基础上，明确研究目标、构思研究方法和途径后，即可选择和提出课题。

4. 论证课题

对课题的价值和意义、科学性和可行性等进行论证和意见征询，研究需要的各种条件，以便预防错误和疏忽，使课题的解决更有把握性。

5. 确定课题

对上述步骤做完后，并有较大的把握，即确定课题。

英国物理学家贝尔纳指出，课题的形成和选择，无论作为外部的经济技术要求，还是作为科学本身的要求，都是研究工作中最复杂的一个阶段。一般来说，提出课题比解决课题更困难……所以评价和选择课题，便成了研究战略的起点。有人认为，课题的形成和确定过程犹如一次简缩的研究过程，确定一个好的课题等于完成了一半研究工作。可见，认真对待课题的确定是十分必要的。

以下是成功选题的四个策略：

（1）热点选题。针对当前中学化学实验研究热点选题。这些热点也反映在近期杂志上，如研究性学习中的化学实验设计，密闭式实验、微型实验、家庭实验、综合实践活动课实验、化学与生活实验、探究性实验和趣味实验等。

（2）特点选题。根据个人兴趣爱好、知识经验选题。如擅长实验教学理论探讨和研究的，可多选实验教学理论方面的主题；专于化学实验设计与改进的，可多选化学实验设计与改进方面的主题；对探索性实验感兴趣的，可多选有关探索性实验等。

（3）小点选题。选题宜小不宜大，小题可大作。例如，"新教科书中化学实验研究"这个题目之大，内容之多，范围之广，思路之宽，一篇论文难以写好。若改为"新教科书中某一实验研究"则易于写作。

（4）冷门选题。有些化学实验中的问题一直未能得到很好解决，甚至被冷落多年，若用新思路去研究，将会有所创新。例如，电解水实验中，氢气、氧气的体积比误差原因研究。

值得提出的是，课题要准确、完整、清晰、具体，紧紧围绕主题，这是确定课题时要注意的一个重要原则。实践证明，化学实验研究重在选题，只有选对（准）题，才能深入研究，并得出有价值的化学实验研究成果。

二、制定研究计划

化学实验课题确定之后，就要制订研究计划。好的研究计划可以合理地分配可利用的时间、设备和人力，使得对课题的研究有序地展开和实现，避免盲目性和减少忙乱现象，是研究过程中的重要环节之一。

制订研究计划时，要考虑以下几个方面：选择研究策略，形成研究思路；决定具体的研究步骤和研究方法；做好时间分配、人员组织、器材准备等工作。

三、开展研究工作

在制订研究计划之后，就要准备化学实验所需要的用品，并进行化学实验，这是实验研究工作的一项基本内容。在这一阶段，除了要根据研究目的，通过操作化学实验器材来人为地控制化学变化过程、强化主要因素、排除偶然因素和次要因素的干扰，来观察和收集实验事实以外，还要进行理性的加工和研究，从而得出结论。

所谓理性加工，就是对获得大量的第一手资料的实验事实、实验数据等进行整理加工和分析综合研究，进而发现规律或者做出判断，得出理性的结论。

开展研究工作的程序，即实验准备→进行实验→观察、记录→整理分析→做出判断→得出结论。

四、复查和验证初步结果

对研究工作得到的初步结果来讲，一般还是停留在假说的阶段，需要通过进一步的实践来检验、证明、发展和完善。只有经过复查和验证，重复性好，研究结果才是成熟和可靠的。

（1）复查。复查主要是指对研究计划和研究过程进行检查、核对，防止可能发生的错误。

（2）验证。验证主要是对研究结果而言的。验证有两种重要方式：按照规定的条件和程序进行重复实验，同时对某些非规定条件做出变化，检验其结果是否一致；从另一角度设计实验、进行实验，检验两者的结果是否互相印证。

五、整合和表述研究结果

（一）整合研究结果

整合研究结果是把通过研究得到的各部分结果加以组合，并与别人已取得的有关成果结合起来，形成有密切联系的统一整体。需要注意的是，在引入别人的成果时，应在正文后的参考文献中标出，以示对别人劳动成果的尊重。

在这一阶段时，对于认知性研究来说，这一工作的结果常常是形成某一知识体系或理论体系，对于技术性研究来说，则是形成技术的综合成果。

（二）表述研究成果

表述研究成果是中学化学实验研究的最后一个重要环节，缺少这个环节，就无法跟别人交流乃至推广，这就等于研究工作还没有完成。

1. 表述研究成果的意义

（1）便于同行交流，服务于化学教育教学。

（2）便于发表、转载，使成果得到承认。

（3）有利于教学研究水平的提高。

2. 研究成果的文字表述的一般要求

（1）具有一定的理论意义或实践意义，有发表和交流的价值（含有新论点或者新解释、新现象、新装置、新方法、新规律、新结果等）。

（2）客观、准确、完整。

（3）规范、简练、清晰、可读性强、紧扣主题。

（4）及时。

（5）针对性强（指论文与某期刊栏目要求的吻合程度）。

第三节　优化化学实验教学策略

一、转变教师观念，提升教师素养

（一）更新化学实验教学理念

在知识型社会，教师不仅要不断更新教育观念，拓宽知识面，更需要坚定思想，提高综合素质。大部分教师虽然知道化学实验教学很重要，但是由于课堂时间紧张，只能用讲实验、做练习来代替实验操作，以求提高考试分数。对此，教师应从多个方面来更新自身的化学实验教学理念。

1. 注重终身学习

由于科技不断进步，信息时代悄然而至，各种知识都在快速更新，若教师没有终身学习的意识，不及时更新自己的知识结构，将会很快被时代淘汰，更别提教书育人了。因此，作为教师，应树立终身学习的观念，除了学习与化学专业有关的知识以外，还应学习更多的与教育教学、信息技术有关的知识。

2. 重视教研活动

教研活动是教师学习新的教学理念、反思自己教学行为、提升教研能力的重要平台。

因此，只要有机会，教师应该积极参加教研活动，并对活动内容进行反思，将有效的教学方法、理念运用到日常教学中。同时，还要积极参加化学实验基本功大赛等以实验为专题的专项教研活动，这样可以向更多优秀的同行学习，提高自己的化学实验教学能力。

3. 积极参加教师继续教育和业务培训

化学教师应积极报名参加教研组开展的各项培训和教育工作。其具体内容如下：

（1）到上级部门进行培训。教师进修学校作为教师的培养基地，要定期召集本市化学教师进行化学实验教学培训。在此过程中，不仅要培训教师的技能，也要培训教师的思想，使每一位教师都拥有良好的思想品质和工作态度。

（2）定期到外地培训。化学教师要定期到外地优秀的同类学校进行学习，观察其化学实验教育教学管理思想和管理方法，并让参加学习的各位教师回到本校向其他同事做思想汇报和考察体会。

（3）定期在校内培训。学校领导和教研组组长需要定期组织教师在校内进行学习，根据本校特征及实际情况，对各位教师进行思想教育，通过实验教学来促进化学教学。

4. 认识化学实验功能

在科学教育方面，化学实验是不可替代的，不仅有效地提高了学生的创新思维能力，而且培养了学生的科学思维以及利用科学方法解决问题的能力。而化学课程标准提出的发展核心素养是对三维目标的深化、提升，同样也是落实教育根本任务（立德树人）的重要步骤。将发展学生核心素渗透到课堂教学、学校教育中，需要全社会的共同努力。其中，教师在教育活动中扮演着主导者的角色，所以教师更要清晰地认识到化学实验所具有的育人功能。

5. 组织教师进行创新实验比赛

学校需要定期围绕化学实验举办一些比赛，如举办教师创新实验大赛，要求学校的每一位化学教师设计一个创新实验来参加比赛，让学生作为观众，从中感受创新实验带来的乐趣。之后，对于表现优秀的教师进行一定的物质奖励和精神奖励，这会促进各位教师开展实验教学的积极性，增强实验教学效果。

（二）提高化学实验教学能力

作为一名化学教师，掌握良好的化学实验教学能力是必不可少的，包括教师的实验操作水平、课堂组织管理能力、语言表达能力等。化学实验教学能力的提高不是一蹴而就的，而是日积月累的过程，所以教师要在日常实验教学中不断地进行自我反思，与同事交流学习，虚心接受专家、同行的指导建议，不断地形成自己的实验教学方式，提升实验教学能力。

教师可以从以下五个方面来提高化学实验教学能力：

（1）教师在进行实验教学之前要精心备课。在考虑学生已有的知识水平以及做实验时可能出现的心理状态的基础上，对教材中的相关实验深入研究。同时，精选紧扣教学目标的实验内容，创设新颖的实验情境，选择合适的教学方式来开展演示实验或学生实验。对于一些实验现象不明显或者效果不好的实验，能积极改进创新，以求最佳教学效果。

（2）在实验教学过程中，教师的表达要生动形象，语言科学准确，思维准确有序。教师的操作要注重示范性。在做演示实验时，教师不但要指导学生观察实验现象，还要引导学生思考现象和本质之间的联系。对于实验中出现的异常现象，教师要带领学生一起探讨其中的原因，以此来激发学生强烈的求知欲。

（3）严格要求学生，针对学生做实验时存在的问题，结合自身的示范操作，进行必要的纠正和强调，以规范学生操作。

（4）尊重学生的主体地位，适当地引导学生。优质高效课堂教学是指教师在遵循教学规律与学生认知规律的基础上，激发并维持学生兴趣，促进学生主动学习，在有限的时间和精力投入后实现三维目标，促进学生核心素养发展的过程。因此，在实验教学的过程中，教师应当贯彻"学生为主体，教师为主导"的理念，让学生成为实验的主角。在实际教学过程中，很多教师为了节约时间，将实验药品、实验仪器、实验设计思路等都为学生提前准备好，学生只需要按照固定程序进行实验。这种方式看起来节约了时间，但是学生失去了探究这一重要过程，也没有思维的碰撞，致使教学效率低下。

（5）实验教学结束后，教师要及时对整个实验教学过程进行反思，并形成文字材料。反思的内容包括：实验教学方式、实验成功或者失败的原因、学生的参与程度、学生对实验提出的问题、实验过程中出现的异常现象等。实验教学反思可以为教师积累素材，拓宽思路，使实验教学经验理论化。此外，教师还要积极参加与实验相关的培训，不断地给自己"充电"，使自己的实验教学能力得到不断提升。

（三）深刻领会核心素养的内涵，科学制订实验教学目标

素养化的课程目标使化学学科内涵更加具体化，为课程目标转化为单元、章节目标或课时目标提供了清晰的坐标——融合三维目标，以培养化学学科核心素养为核心。学生化学学科核心素养的发展是一个持续进步的过程，教师应依据化学学科核心素养的内涵及其

发展水平、高中化学实验课程目标、实验内容，结合学生已有的经验，对课时实验教学目标进行整体规划和设计。

（四）强化学生化学实验的体验过程

1. 激发学生对化学实验的求知欲

学生对化学实验的兴趣主要来源于实验中颜色的变化、气体的生成、沉淀的溶解等，而对化学变化的本质并不感兴趣。因此，仅凭直观兴趣是不能激发学生对化学实验强烈的求知欲的。在化学实验教学中，教师要在学生产生直观兴趣的基础上，设计探究实验，让学生自己动手解决与日常生活相关的问题。这有助于学生对化学的兴趣朝着持久的方向发展，并从直观兴趣上升到探究兴趣。

2. 培养学生形成良好的实验习惯

良好的实验习惯是保障化学实验顺利开展的前提，教师可从以下三个方面对学生实验给予必要的指导：

（1）开展实验前，教师应提前准备好学生所需要的实验用品，并检查药品的有效性和仪器是否短缺或有破损。实验桌上的仪器、药品要摆放整齐，给学生提供示范。除此之外，教师应要求学生在实验前进行充分的预习和准备，阅读相关实验内容，明确实验的目的和要求、方法及原理，写出相应的预习内容。其内容包括实验目的、实验原理、实验步骤、预习思考等。在这一过程中，要求字迹工整，而实验步骤可以用表格或者流程图等表示。预习中产生的疑问要写在预习报告中，或者及时向教师询问。

（2）实验开始时，教师要先进行提问，以判断学生有无预习实验。之后，教师要介绍此次实验所用到的仪器名称，并进行准确的实验示范操作以及操作要领讲解。在实验过程中，教师应不断巡视，及时指导学生观察实验现象。比如，如何判断反应进行的程度等。对于操作有误的学生，教师要耐心指导、及时纠正，并告诉他们错误的原因以及会产生的后果。当学生观察不到现象或者实验失败时，教师要引导学生分析其中的原因，找到解决办法，重新进行实验。在实验过程中，教师要提醒学生及时记录实验现象和数据。同时，教师还要注意控制班级纪律，及时对学生进行思想教育，让他们严格遵守实验室的规章制度。做完实验，教师要提醒学生清洗仪器并将废液倒入指定位置，仪器、药品要放回原位，还要将实验室卫生打扫干净。

（3）实验结束后，教师要对实验情况进行总结，并分析优缺点。同时，教师还要指导学生填写实验报告，内容包括实验名称、实验日期、实验目的、实验原理、实验步骤、实验结论、实验讨论。教师要指导学生根据记录的现象和数据进行分析、归纳，得出正确的实验结论，写出完整的实验报告，并鼓励学生将实验反思写在报告上。教师查看完实验报告后，对学生提出的问题要及时反馈，并针对实验过程中出现的问题进一步探究。

3. 提高学生的实验探究能力

新课程改革要求改变过分强调知识传承的倾向，教师要在化学实验教学中培养学生的创新精神和探究能力。那么，应如何培养呢？

（1）教师应精心创设问题情境，选用学生生活中熟悉的现象来设计探究问题，激发学生探究的兴趣。探究的问题和所需的实验操作技能不能超过学生现有的知识和技能水平，要落在学生的最近发展区内，让学生努力之后能完成实验。

（2）教师要带领学生学习科学探究的基本过程。完整的科学探究过程包括提出问题、猜想与假设、制订计划、进行实验、收集证据、解释与结论、反思与评价、表达与交流。在进行实验时，教师应及时纠正学生的错误操作，引导学生观察实验过程当中的化学变化。同时，教师还要注重培养学生表达与交流的能力，应指导学生站在听众的角度使用科学语言表述实验的过程和结论，做到语言流畅、言简意赅、观点明确，还应鼓励学生之间相互合作、多多交流。对学生在实验中产生的问题和疑问，教师应安排时间让学生相互讨论，并在学生交流讨论之后进行总结评价，切不可为了赶进度而在学生还没进行足够的思考时草率地下结论，过程比结果更重要。

（3）教师还可以根据学生的需要和教材中实验的特点来设计课外实验活动，让学生利用身边的物品设计一些家庭小实验，培养学生的动手能力。此外，教师还可以定期举行实验专题讲座和学生实验操作竞赛，以此拓展学生的实验知识，提高学生的探究能力。

4. 加强对学生各种能力的训练

（1）加强思维能力训练。中学生正处于完善思维能力的关键时期。具有完善的思维能力无论是对学习，以后的工作还是人生发展都有至关重要的作用。化学实验教学正是完善思维能力的重要途径。化学实验中，以下三个步骤可以培养人缜密、严谨的逻辑思维能力：设计实验方案；进行实验操作；分析实验中出现的问题及实验结果。学生以小组的形式来设计实验方案，能使学生进一步掌握基础知识，而且能够理解学习知识不仅是为了取得更好的考试成绩，更是为了在实际生产生活中进行应用。通过学生之间不断地交流与讨论，既能完成实验设计、巩固基础知识，使学生对化学学科产生浓厚的兴趣，也会培养学生的思维能力。

（2）加强分析能力和创新能力的培养。由于化学实验受多方面因素的影响，所以在化学实验操作的过程中，实验的现象和结论与实验设计有可能会出现不同。当出现与实验设计不同的情况时，要及时对其进行分析，找出其中的原因。在寻求原因的过程中，学生会提出一系列的假设，教师要带领学生对假设逐一探究。学生分析问题的原因以及为了解决问题所提出新的实验方案的过程就是对学生分析、创新能力的培养过程。

二、创新化学实验教学策略和形式

在新课程改革背景下，教师在化学实验课堂中主要以辅助者和引导者的身份出现，故而教师应当采用合适的教学策略，将实验中的各种信息资源能动地整合起来，充分发挥教学策略在化学实验中的能动性。要想选取合适的教学策略，就需要教师对高中化学实验教学策略进行研究。教师只有灵活地运用实验教学策略，才能让学生在体验实验探究的同时，掌握书本上的原理和知识，促进学生科学素养的形成，提高学生的科学探究能力。同样，教师只有因材施教地运用各种化学实验教学策略，才能赋予化学实验课堂生命活力，因为单一的实验教学策略无法使学生的创造力得到培养。

（一）优化化学实验教学目标的设计

明确地提出教学目标，有利于明确教学工作的方向。教师在设计教学目标时，不应只关心学生应掌握哪些知识，还应考虑到一个适应未来社会的人应具有的多方面的科学素养，如科学精神、科学探究方法等。教育宗旨、教学目的和教育目标分别反映了不同层面上的教育要求，所以教师要在不同层面进行教学目标分析和确定。在设计教学目标时，应考虑到科学素养的不同方面，而且各个方面应有一定的层次性。

在高中化学探究性实验教学设计过程中，准确、清晰地陈述实验教学目标，有利于教师优化实验教学设计，有利于学生进行实验探究学习，也有利于高中化学实验教学的评价。一个规范的教学目标应包含以下四个基本要素。

1. 学习主体

学生是化学实验探究教学的主体。因为教学目标是对学生在实验中获得的所有经历的描述。根据这一要求，在化学实验教学中对于教学目标的陈述可以表达为"学习……""能理解……""能体验到……"等，而不宜使用"培养学生的科学态度……""激发学生的实验兴趣……"等句式，因为这里陈述的主体不是学生，而是教师。

2. 具体可操作的行为

行为是指学生在学习后可以做什么，或者他们有什么心理感受或经历。而使用动词短语，可以更准确地描述学生的行为。所以，可以使用可视化或测量的行为动词（如理解、掌握、识别、解释、写作、设计等），或者使用表达内在意识和心理状态的动词（如感受、经历、关注、理解等）来进行陈述。表达行为的关键是选择正确和适当的动词，因为它代表了对学生学习行为的要求。

3. 学习或探究的条件

条件是指影响学生学习成果的具体限制或范围，主要表明学生完成目标的情况。条件陈述包括以下因素：环境因素（如地点）、人为因素（个人、团体或在教师的指导下）、信息因素（使用的图表、材料、书籍、网络等）以及明确的因素（需要提供什么刺激条件才能引起行为）。

4. 需要达到的标准

该标准也被称为行为水平，是指目标用来衡量学生学习成果的最低绩效水平。根据实验探究教学的功能和作用，结合具体的教学内容，设计出一个考虑周全的教学目标，是探究性实验教学设计的重要组成部分。良好的目标设计将指导整个教学过程，而且还会直接影响教学效果。一般实验教学目标由以下三部分组成：一是知识与技能目标，包括对旧知识的回顾和新知识的学习，仪器的使用，实验方法和设计思路；二是过程与方法目标，包括对学生观察能力、发现和提出问题的能力、预设结果的能力、实验设计和评估能力、探究能力的培养；三是情感态度与价值观目标，即学生通过实验探究，多感官感受化学实验的魅力，学会和他人合作，一起发现科学的奥秘，注重科学素养和唯物主义世界观的形成。

（二）创新中学化学实验教学策略

1. 利用科学史话，创设情境

科学史话是人类在研究化学形成和发展过程中的一种真实记载，见证了化学学科的发展历程。所以，教师可以对应不同板块的化学知识，探寻相应的科学史话，这样既能丰富学生的知识，也能引导学生从科学家的角度来思考问题，并对问题进行深入的探究，在激发学生学习兴趣的同时，还能培养和发展学生的科学探究能力。

2. 利用生活现象，创设情境

化学与我们的生产、生活息息相关，生活中的很多现象或物质都有与其相对应的化学知识，可以利用这些现象或物质创设生活情境，激发学生的求知欲，培养学生在日常生活中发现问题的能力，将理论知识与实际情况联系起来的能力，以及利用所学知识解决实际问题的能力。

3. 利用化学实验，创设情境

化学实验是化学学科的基础，开展化学实验可以激发学生的学习兴趣，并且能帮助学生更深刻地理解化学实验中蕴含的化学知识。在人教版教材中有很多趣味性很浓的实验，教师可以充分利用化学实验来创设教学情境，以此激发学生继续探究的兴趣，从而对其进行深入的探究，进而培养和发展学生的科学探究能力。

4. 开发真实的问题情境素材，促进学生学习方式转变

在新课程改革背景下的《普通高中化学课程标准（2017版）》中，倡导高中化学实验教学应创设真实的问题情境，而且明确指出，真实、具体的问题情境是学生化学学科核心素养形成和发展的重要平台，为学生化学学科核心素养提供了真实的表现机会。从理论层面分析，建构主义学习理论提出，学习者已有的知识和经验对知识构建有着重要的影响，并且强调情境对意义建构的重要作用，重视学习环境的设计，以帮助学生主动建构知识意义。因此，基于建构主义学习理论的指导，教师在教学中应重视开发真实且富有价值的问题情境素材，促进学生化学学科核心素养的形成和发展。

在真实、具体的问题情境中，教师要引导学生积极开展建构学习、探究学习，促进学生化学学习方式的转变。为此，教师应尽可能设计多样化的实验探究学习任务，应结合具体的实验教学内容和学生的实际，引导学生开展证据与推理、模型与解释等具有学科特质的学习活动，应设计真实情境下不同复杂程度的问题解决活动，引导学生通过小组合作、实验探究、讨论交流等多样化方式解决问题。

（三）优化化学实验开设形式

化学实验作为化学学科的基础，开设不同类型的化学实验，有助于培养学生不同方面的能力，也能让学生从不同的角度认识化学实验，体验化学学科的魅力，激发学生学习化学的兴趣。

1. 切实开展小组实验

开展小组实验，可以促进学生之间的相互交流，不同的学生在小组合作中承担不同的任务，能充分发挥每个学生的作用，而且在进行探究实验的过程中，能充分体现学生的主体地位。很多教师在上课的过程中也会开设小组实验，但是由于课堂时间有限，很多教师会压缩小组实验的时间，学生只能匆忙结束小组实验或者直接不做小组实验，这样不利于培养和发展学生的学科核心素养。因此，化学教师在做"素养为本"的教学设计时，就应该考虑小组实验的内容及所需要的时间，如此才能切实地开展小组实验。另外，小组实验的内容也不局限于验证性的实验，可以通过不同的教学情境引发不同的问题，引导学生对其进行深入的探究，做出假设，设计实验方案，验证假设的正确性，从而培养和发展学生的科学探究能力。在进行化学实验教学时，几乎每个实验都能采用小组实验的方式进行操作，这样会使学生更加喜欢化学这门学科。

2. 开展创新实验

实验是一种自由、开放地获得知识的方式，引导学生进行实验的时候要充分发挥学生的主观能动性，培养其发散式思维，因此实验过程不是固定不变的，适当进行变通更有助于学生的学习。新课标在学科核心素养部分指出，学生应当勤于实践、善于合作、敢于质疑、勇于创新，在实验方面更应该注重培养学生的创新意识。实验创新是指在保证实验教学效果的等效性，甚至优于原有实验效果的基础上，抛弃原有的实验方案，创造出新的实验来代替原有实验，或创造出原本教材中没有的实验。它是一种教学创新行为。

高效课堂的关键是课程资源的有效整合，新课程强调教材不再是预先规定好等待学生去学习的教学内容，而是实现教学目标的一种学习资源。因此，实验的设计并不是一成不变的，应当按照学生的掌握情况和学科素养的要求，在适当的地方进行创新，在需要拓展的地方向外拓展，在需要对照的地方设置对照，这样学生的各方面能力都能得到锻炼，从而更好地实现三维教学目标。

（四）重视实验内容的选择

1. 注重实验内容的选择，提升学生的综合能力

实验内容的选择是学生保持对化学实验充满新鲜感的重要依据。教师可以选择与生活息息相关的家庭小实验、趣味实验、简单易操作且现象明显的微型实验等。

（1）实验的内容确定后，需要学生对自身的各项能力进行提升。首先，在调查中发现，学生对待前期的实验预习工作很不认真。对此，学生应改变课前预习的态度，做好化

学实验预习准备，如此才能确保化学实验步骤明确，实验内容清晰，从而增加学生完成化学实验的信心。同时，教师也需严格要求学生的预习工作和督促学生做好充分的实验课前准备。其次，在调查中发现，学生在实验报告撰写方面也存在一些细节问题。对此，学生需在理论知识的基础上，提升自我在语言总结方面的水平，学生可以进行多次阅读、多次书写，以达到精益求精的目标。在完成化学实验后，学生还需对实验进行整理总结分析并书写实验反思，避免在后续的实验中出现相同的失误。学生对化学实验的态度，不能仅仅停留在表面的感兴趣，而是要将感兴趣落实于实际行动中，使自己的化学知识更加丰富。

（2）学生在化学实验改进方面应全力参与。既然对化学实验很感兴趣，就不要将化学实验类型仅仅局限于考试题型和教师要求的实验，要大胆地发挥想象力，设计创新改进方案，去化学实验室完成自己的方案，丰富化学实验的类型。在进行化学实验时会遇到诸多问题，学生应该先自主进行思考、整理、分析，再去和教师、同学等进行探讨。同时，学生应为自己争取自主实验的机会，不要因为化学实验存在危险性就畏首畏尾，这样不能有效地探索出实验背后真正的奥秘，也无法真正体会到成就感，找到化学实验的乐趣所在。化学实验教学中教师只作为指导者，而真正的主体是学生，所以学生要走进化学实验室，提高自我在化学实验中的综合技能。

综上所述，对化学实验的了解，不一定非要在化学实验室，学生可以在生活中、社会中发现化学问题，提出猜想，自主思考并验证交流，迎接更多方面的挑战。同时，学校与教师应从多方面选择实验内容，而学生需大胆地对化学实验进行改进创新，多去化学实验室验证自我猜想，提高语言总结水平，保持对化学实验感兴趣的良好态度。

2. 根据教学内容增设实验

教师在讲解学生理解难度大的知识点时通常采用讲授法，用很多的语言和理论去解释该知识点，或者辅以练习题，在应用中帮助学生理解。但是学生受年龄、性别、心理等很多主观和客观因素的影响，理解能力有时会跟不上教学进度。这个时候教师应该如何解决问题？如果只从理论上不能讲解明白，可以尝试实验的方式：在教材上没有设置实验的地方自己加入实验。实验过程是非常好的探究过程，融入了学生动手操作的过程，学生真正参与到探究的过程中去，更好地获得知识。因此，可以按照如下思路进行：设置一定的情境；提出问题；学生做出假设；进行分组实验；分析实验现象，并得出结论。

在做实验的过程中，学生可以通过实验现象修正自己的假设，在思路的碰撞中得出正确的结论。在这种探究的过程中，学生对知识的原理和本质有着非常透彻的理解，留下了更深刻的印象，学习效果加倍提高。

学生自己得出的结论，会比单纯地接受教师讲解的知识理解得更透彻，会从原理上掌握该知识点，而不是死记硬背。这样的实验学习方式，对提高学生的考试成绩也有帮助，学生能够举一反三，应对各种形式的考试题。因此，在难度较大的内容上适当增加实验，可以很好地解决问题，提高学生的学习效率和学习效果，构建高效课堂。

三、改善化学实验条件，充实实验教学资源

（一）科学建设化学实验室

学校对化学实验室的建设必须符合国家标准。化学实验室的设计方面一定要从安全便捷的角度出发，注意仪器、药品的更新与补充，让化学实验室的整体水平符合国家标准，让化学实验室不再是摆设，而是有效地利用起来。化学实验室的利用率提升，促使化学实验室的管理水平也需同步提升，要专门设立相关制度，如《化学实验室的管理制度》《教师实验职责》《学生实验规则》等，管理制度制定后，教师和学生都必须严格遵守。例如，每次进行化学实验时，教师和学生需对仪器、药品进行整理，实验完成后需对仪器、药品进行记录。同时，对化学实验药品需定期进行检查，以保证化学实验药品的质量；对化学实验仪器需及时更新补充，为教师和学生更好地完成化学实验提供前提条件；对学校化学实验室里的信息化设备需进行更新补充，这样一方面可以减少教师化学实验教学的备课时间和减轻教师化学实验教学的压力，另一方面可以将微小的实验现象放大，方便学生观察，也能有效地避免有害、有毒性的化学实验。

（二）提高化学实验室的利用率

在保障教材中规定实验有序进行的同时，定期开放化学实验室，使学有余力的学生能够在课余时间开展探究实验。很多学生在教师进行演示实验之后，很想亲自动手做实验，以获得更多的观察机会。所以，教师可以合理利用学生的空余时间，指导他们在化学实验室进行探究活动。同时，教师也可以介绍一些具有探究价值的实验，让学生在实验室中自己动手操作。

（三）合理安排化学实验的课时

在化学实验项目方面，学校领导对于教师与学生可以设立专门的有奖制创新实验课

题，可以激励教师与学生在化学实验改进与创新方面有所作为，提高化学实验室的利用率。另外，学校应严格合理地安排化学实验课的课时，将化学实验课列入兴趣课程中，以缓解化学课时的紧张压力，这样既可以让学生对化学实验操作更加熟练，也可以增加学生对化学实验的了解程度。

参考文献

[1]陈颖，支瑶，尹博远.基于核心素养的高中化学教学关键问题解析[M]. 北京：高等教育出版社，
　　2022.

[2]冯洪明.高中生化学自主学习素养提升途径研究[M]. 长春：吉林人民出版社，2021.

[3]高广东.高中化学教学中的有效教学理念探析[M]. 长春：吉林人民出版社，2019.

[4]何贵明.基于核心素养下的高中化学教学[M]. 长春：吉林文史出版社，2020.

[5]黄凤.高中化学实验教学策略研究[M]. 沈阳：辽宁科学技术出版社，2022.

[6]汲晓芳.基于核心素养的高中化学课堂教学研究[M]. 长春：吉林人民出版社，2021.

[7]姜晓峰，刘荣，盛美娟.高中化学教学实践与实验设计[M]. 长春：吉林人民出版社，2020.

[8]蒋灵敏，肖仕飞，李刚.化学课堂教学与实验研究[M]. 长春：吉林人民出版社，2020.

[9]蒋珍菊，王亚东，王樱花.化学教育课堂体系构建与实践分析[M]. 长春：吉林人民出版社，2021.

[10]李永忠.核心素养背景下中学化学教学实践与研究[M]. 兰州：兰州大学出版社，2021.

[11]刘凯钊.基于新课标的高中化学教学设计[M]. 北京：民主与建设出版社，2022.

[12]马瑞红，陈军，杜曾.高中化学核心素养培育研究[M]. 广州：华南理工大学出版社，2021.

[13]邱德瑞.高中化学有效教学理论与实践探究[M]. 长春：吉林人民出版社，2022.

[14]史俊鹏，孙虎堂，娄二保.优化中学化学实验教学探究指导的研究[M]. 长春：吉林人民出版社，
　　2021.

[15]王素芬.高中化学核心素养教育与探讨[M]. 长春：吉林人民出版社，2019.

[16]肖志国，邹国，董学正.初中化学教师专业发展研究[M]. 北京：中国原子能出版社，2021.

[17]赵刚，袁红娟，陆海峰.高中化学课堂教学与体系构建[M]. 长春：吉林人民出版社，2019.

[18]赵宇，陶淑真.微课在教学中的应用[M]. 合肥：中国科学技术大学出版社，2022.

[19]郑光黔.高中化学教学方法与实践[M]. 长春：吉林人民出版社，2020.